VIE PRIVÉE

OU APOLOGIE

DE TRES - SÉRÉNISSIME PRINCE

MONSEIGNEUR

LE DUC

DE CHARTRES.

Contre un Libel diffamatoire écrit en mil sept cent quatre-vingt-un, mais qui n'a point parut à cause des menaces que nous avons faites à l'Auteur de le décéler.

Par une Societe d'Amis du prince.

NOS LEVRES N'ONT JAMAIS TRAHI LA VÉRITÉ.

A CENT LIEUS DE LA BASTILLE.

M. DCC. LXXXIV.

EPÎTRE
DEDICATOIRE
AUX ADMIRATEURS DES
GRANDS HOMMES.

M ESSIEURS,

S ANS vous louer ni vous flatter, nous rendons juftice à votre mérite, & c'eft pour vous donner un gage de notre attachement que nous vous offrons le préfent Ouvrage. C'eft la Vie privée d'un Prince qui, quoiqu'au centre d'une vafte & très - peuplée Capitale, refterait peut-être ignoré comme dans un defert, fi nous ne le retirions de l'oubli profond où il eft plongé, malgré une Campagne fameufe qu'il a faite fur mer, & de laquelle il eft revenu fain & fauf dans fa chere Patrie, après avoir cependant fait, comme le pauvre Uliffe, de grandes & de longues erreurs. Plufieurs d'entre vous, Meffieurs,

✝

avez

avez été témoins oculaires des faits que nous allons rapporter , vous tranfmettrez, dites-vous, par la tradition, à vos neveux, l'exemple que leur offre ce Prince. Mais pourriez-vous le venger de la ca-lomnie par laquelle on a cherché à ternir fa gloire, & à flétrir fes lauriers? Nous allons prendre cette tâche ; rien n'eft plus propre que l'Hiftoire pour encourager la vertu & combattre le vice. Mais vous allez peut-être nous confidérer comme de ces Auteurs ordinaires, dont le but eft de mériter les fuffrages du Public, & fon argent ? Eh bien, Mef-fieurs, penfez-le fi vous voulez ; mais tel que puiffe être votre jugement, & fur l'Ouvrage & fur le deffein de fes Auteurs, s'il vous intéreffe un inf-tant, nous aurons réuffi.

DISCOURS
PRELIMINAIRE.

On a depuis longtems la manie de ne parler que des Anciens, il semble que les Hébreux, les Grecs & les Romains aient été seuls capables de grandes vertus & de grands vices ; & nos Contemporains ne citent jamais que des morts pour servir d'exemple à la génération actuelle. Ne trouverions nous pas, sans beaucoup chercher, dans notre France, des preuves assez sensible de la force & de la faiblesse humaine ? Nous allons suivre une autre marche ; nous voulons des

exemples

exemples vivans : aucune Hiftoire n'en fournira peut-être de plus inté-reffans que celle du Prince dont vous allez lire la Vie. Nous n'écrirons que des faits certains & connus : nous vous laiffons le plaifir & le foin des obfervations, des remarques & des jugemens à porter. Notre ftile véridique n'augmentera & ne diminuera rien du monument que nous allons élever; jugez avec impartialité s'il eft fait pour perpétuer la gloire ou l'inertie du héros de notre Ouvrage.

VIE PRIVÉE DE S. A. S. MONSEIGNEUR
LE DUC DE CHARTRES.
OU

Réfutation d'un Libel diffamatoire écrit en 1781, mais qui n'a point parut à caufe des ménaces que nous avons faites à l'Auteur de le décéler.

L'AN mil fept cent quarante - fept, le treize Avril, naquit LOUIS-PHILIPPE-JOSEPHE, DUC de CHARTRES.

Le duc d'O..... vivait en ce temps-là dans le fein d'une volupté peu louable : fa moindre ambition était celle de mériter la confidération du peuple français : il préférait, à tous les autres avantages dont il aurait pu jouir, une molle indolence qui, jointe à fon ineptie naturelle, ne lui permettait de fortir de fon palais que pour s'enivrer des douceurs de l'amour chez des Lais ou des Phrinées : ignorant parfaitement les affaires publiques, ainfi que les fien-

A   nes

nes particulieres, il oubliait de faire le bien qui était en son pouvoir, mais il avait la bonhomie de ne donner jamais de conseils de peur d'en donner de mauvais; aussi cette conduite merveilleuse lui mérita-t-elle le nom d'un bon Prince.

Adorateur zélé de la vénus prostituée ce Prince n'avait pas même le tems ni la force d'ouvrir les yeux sur la conduite de la femme que les Loix & la Religion lui avaient accordée pour en jouir lui seul & en toute propriété.

Des gens malhonnêtes qui n'ont d'autre plaisir que celui de déchirer la réputation des personnes les plus vertueuses ont donné à croire, que cette Princesse était d'une lubricité sans égale, & qu'elle vivait publiquement avec le comte de P...ac, animal qui n'avait de l'homme que la figure : on a même poussé l'infamie jusques à dire dans les termes de l'Ecriture sainte, en parlant des amans de Olla & de Olliba, que ce Comte avait un membre semblable à celui d'un âne, & que la semence qui en sortait surpassait en quantité celle d'un cheval. On ajoute enfin que ces influences n'étant pas capables de fixer la Duchesse, elle charmait les en-

nuis

nuis de l'abſence du Comté par les embraſſemens du vigoureux Lefranc un de ſes cochers. Quelques perſonnes plus charitables ſe ſont contentées de dire qu'elle faiſait ſur ce cocher des expériences de philoſophie naturelle aſſez curieuſes, & que c'eſt d'elle que vient le goût dominant que nos femmes ont aujourd'hui pour ce genre de philoſophie. Si cela eſt vrai, meſſieurs les profeſſeurs de phyſique doivent les charmantes élèves qui ſuivent leurs cours à l'exemple qu'a donné cette Princeſſe dont la mémoire doit leur être très-chere.

Si l'on était aſſez faible pour ſe laiſſer ſéduire par l'éloquence ſéductrice de la Calomnie, on ſoupçonnerait, ſi même on n'etait pas perſuadé, que c'eſt aux doux ébats de ce Lefranc que le Duc de Ch... doit ſon exiſtence. Mais plus d'une raiſon milite glorieuſement contre cette ſuppoſition ; que dis-je ! plus d'une raiſon prouve invinciblement que cela ne peut être.

D'abord, un axiome de Droit dit que nul autre n'eſt pere que celui auquel un mariage légitime en attribue les fonctions. Or, le mari légitime de la Ducheſſe était le Duc d'Or... : leur mariage avait

avait été contracté fuivant toutes les formalités requifes par les Loix & les Ordonnances, la Religion même y avait donné fa fanction : ainfi le Duc d'Or... eft inconteftablement le pere du Duc de Ch..., & par une conféquence naturelle le Duc de Ch... ne peut être le fils du vigoureux Lefranc.

Cette vérité eft encore rendue plus fenfible par un autre axiome de droit & de raifon qui dit que le plus fort emporte le plus faible : eh bien ! le quel était le plus fort du Duc d'Or... ou du cocher de la Duchelle, dans le tems dont il eft ici queftion ? Où font les enfans procréés par ce Lefranc ? On ferait fort embarraffé d'en produire & d'en faire connaître un feul ; le Duc d'Or... au contraire peut en montret dans tous les quartiers de Paris & ailleurs ; il en a même fait deux à la fois à quelques unes de fes maîtreffes, & qui ne font ni faibles ni minces ; & qui tous lui reffemblent fi fort qu'on ne peut les méconnaitre. Quelque mauvais plaifant demandera, peut-être, fi l'on trouve cette reffemblance entre le duc d'Or... & le duc de Ch... fon fils ? On lui répondra que cette reffemblance peut ne pas exifter dans la corpu-

lence

lence ni dans les figures, mais que leurs qualités morales aux yeux des connaisseurs paraîtront ab-solument les mêmes. Tout le monde sait que la noir & hideuse Calomnie n'épargne personne, & que les héros du plus grand mérite sont la proie qu'elle recherche avec le plus d'avidité. Au reste peut-il rester du louche sur la légitimité du duc de Ch...s ; son extrait de baptême, & la possession paisible, dont il jouit, de ses titres, revenus & prérogatives font des armes invincibles contre ses détracteurs.

Les années que le duc de Ch...s passa au milieu des soins de ses nourrices, des femmes & de ses gouverneurs ne fournissent aucun évènement digne d'être rapporté dans cette histoire. Il y aurait de l'absurdité à croire que son caractere a reçu une forte teinte des vices que possédoient les femmes auxquelles son enfance a été confiée, & que l'exemple, les flatteries & les complaisances de ses gouverneurs & valets ayent agi plus puissamment sur son penchant que la nature même. Quoiqu'il en soit nous ne suppléerons pas à ce qui nous manque d'instructions sur ses dispositions & sur sa con-duite

duite jufques à l'âge de 36 ans, par des anecdotes controuvées.

Le duc de Ch...s était agé de 16 ans quand il fit fon entrée dans le monde. Tous les amis des ouvriers de fon éducation, tous ceux qui voulaient s'en faire un protecteur, en un mot tous fes dévoués crierent au prodige, tandis que d'un autre côté les envieux & les indifférens, des fots mêmes qui prétendaient s'y connaître, difaient à demie-voix, c'eft une montagne qui par fes cris promettra bientôt d'enfanter quelque merveille, & qui ne produira qu'un rat immonde : tant il eft vrai qu'il eft impoffible de plaire à tout le monde.

Cependant l'ardeur du flambeau de l'amour commençait à fe faire fentir au cœur du jeune Duc. Il eut à peine formé le premier defir de facrifier à Vénus, que tous ceux qui l'environnaient fe difputerent l'avantage d'être les premiers à lui préfenter la victime qu'il devait immoler ; & tous défiraient lui voir employer fur les autels de l'amour les prémices de fes forces. Un de fes gouverneurs, dont le nom reftera dans l'oubli, fe chargea de lui fervir de guide : mais au lieu de le conduire par la

route

route qui conduit au temple de la Vénus célefte, pure & fans tache, qui produit en nous cette paffion douce & voluptueufe qui nous fait aimer le moyen de perpétuer notre efpèce, & qui purifiant nos ames les unit de plus près à l'Etre fuprême ; il l'égara & le mena par un chemin jonché à la vérité de fleurs, au temple de cette vénus lubrique & proftituée qui cache fes turpitudes dans les grottes profondes & les forêts écartées, qui fuit la lumiere du jour, & ne reçoit les facrifices qu'on lui offre que pendant la nuit, ou dans l'obfcurité, après que fes prêtres & prêtreffes ont bu une grande quantité de vins autour de fes autels.

La prêtreffe qui initia le duc de Ch...s dans les myftères de la vénus proftituée, & qui l'admit dans l'endroit le plus fecret de fon temple, fut cette fameufe Déchamps, maîtreffe alors du duc d'Or...; ce fut-elle qui reçut fon offrande, & le préfenta à la divinité. Cette Déchamps, fuivant la chronique fcandaleufe de fon tems, était la créature du monde la plus digne de l'emploi qu'elle rempliffait: elle était impudique & débordée comme il n'en fut jamais; elle poffedait mieux que la putain er-

B   rante

rante de l'Arétin, l'art de varier & de raffiner les jouissances : qui croirait que pour se surpasser elle-même en cette superbe occasion, elle n'introduisit le duc de Ch...s, dans le sanctuaire de la volupté, qu'après avoir passé la nuit entre les bras de deux chanoines de Ste. Génevieve, qu'elle réduisit à demander quartier. Nous avons peine à ajouter foi à de pareilles extravagances.

On reproche à cet égard, avec assez d'injustice, au duc de Ch...s d'avoir dans cette jouissance commis un inceste affreux. Mais pourquoi ne pas plutôt croire qu'il tomba, sans le vouloir, dans le piége de la Déchamps ; & qu'il ignorait parfaitement l'union intime de son pere avec cette courtisanne ? Elle-même serait à l'abri du reproche de cet inceste, en adoptant l'incertitude prétendue de la légitimité du duc de Ch...s que les uns disaient être le fils du duc d'Or..., les autres du comte de Pol... ou du cocher de la maison du Prince qui entretenait cette Messaline.

On ne conçoit guerres quel plaisir put prendre la Déchamps au sacrifice du duc de Ch.. s ; mais on conçoit encore plus difficilement comment son al-

tesse

resse-sérénissime puisa dans une telle source le goût
des plaisirs : sans doute que l'art remplacea bien
des choses qui manquoient à la nature, & que les
fleurs dont était bordé l'abîme l'empêcherent d'en
découvrir l'horreur. Bientôt ce Prince passa, non
de son propre mouvement, mais toujours entraîné
par ceux qui l'entouraient, dans les bras impurs de
toutes les prostituées de Paris; & devenu l'esclave
d'une œconomie qui approchait des bornes de la
lézine, il chercha à satisfaire ses désirs chez des
filles publiques, où, buvant à long traits le poi-
son d'une débauche deshonorante, il éprouva le
sort des compagnons d'Ulisse débarqués dans l'île
de Circée.

Jusques à présent nous croyons avoir suffisam-
ment justifié le duc de Ch...s des imputations
odieuses qu'on s'est permises contre sa naissance.
Sa conduite n'a encore d'autres reproches à craindre que ceux auxquels est exposée une jeunesse
fougueuse, qui a reçu d'ailleurs un fort germe des
passions les plus vives; d'un pere robuste & amou-
reux comme un fatire, & d'une mere qui aima mieux
sacrifier ses jours à ses plaisirs, que ses plaisirs à une
vie

vie inactive & monotone. Mais nous allons être forcés de combattre plus vigoureusement que nous n'avons encore fait les diffamateurs du duc de Ch.s.

Dans un Libel infâme qui a été sous nos yeux il y a deux ans, mais qui n'a point paru à cause des menaces que nos avons faites à l'Auteur de le déceler. Voici à peu près les termes dans lesquels est conçu un reproche qu'on lui fait.

« Ce n'était pas assez pour l'héritier de la maison
« d'Or. de suivre en tout les goûts de Philippe-Au-
« guste, il fallait encore pour satisfaire une au-
« tre de ses passions deshonorantes, qu'il entrainât
« dans l'abîme de la débauche & du désordre le
« prince de Lamb..., fils infortuné du duc de Pin-
« thievre. On a attribué la mort de ce Prince à
« l'effervescence de ses sens, & à sa complaisance
« extrême pour le duc de Ch...s. Mais elle a en-
« core une autre cause que je vais dévoiler. De-
« puis longtems le duc de Ch...s avait projetté de
« se marier avec la sœur du prince Lamb... ; une
« de ses vues principales était d'accumuler sur sa
« tête les biens immenses de la maison de Pinth.,
« & la charge de Grand-Amiral. Le prince Lamb.

formait

« formait un obstacle invincible à l'exécution de
« ce plan, & voila la cause de la chûte fatale de
« ce Prince, qui faisait espérer aux Français que,
« quoiqu'il ne descendit pas directement du sang
« des Bourbons, il s'efforcerait au moins d'en sou-
« tenir la gloire & l'éclat ».

Nous croirions faire injure aux sentimens de M.
le duc de Ch...s si nous nous permettions de répondre à cette diffamation que l'enfer seul peut
avoir produite : aucune ame bien née ne formera
même le moindre soupçon sur la fausseté de cette
imputation. Les hommes ont assez de faiblesses pour
fournir d'alimens à la calomnie; pourquoi vouloir
leur supposer des atrocités auxquelles nous ver-
rions peut être qu'ils n'ont pas même pensé, si nous
pouvions lire dans leur cœur. Il est bien plus juste
de dire & de croire que ces deux Princes contemporains & compagnons de débauche, encou-
raient les mêmes dangers, mais qu'un seul des
deux a été la victime de ses désordres & du poi-
son qu'il avait recueilli dans les lieux les plus infâmes, & avec les femmes les plus impures de
Paris.

La

La mort du prince de Lamb... caufa la plus vive douleur à fon vertueux pere qui n'avait rien
négligé pour en former un homme accompli &
digne de lui. Pour y réuffir il avait joint fes leçons paternelles aux inftructions de gouverneurs
religieux & inftruits; mais à l'inftant où il croyait
jouir de fon ouvrage, fon bonheur s'évanouit.
Quelque tems auparavant cet évènement funefte,
le duc de Pinth... défirant perpetuer la fplendeur
de fa Maifon & fon nom, avait choifis pour fon
fils une femme dont la candeur ingénue, la beauté fimple & modefte formaient les moindres qualités.

On prétend que le duc de Ch....s, dévoré par
le feu d'une ambition ignoble, ne vit point cette
union fans dépit, parce qu'elle détruifait fes projets, & paraiffait naturellement lui enlever tout
efpoir fur la fucceffion de la maifon de Pinth....
Mais ceci n'eft encore qu'une pure fuppofition
dont il n'exifte aucune preuve conftante.

Tout ce que l'on peut affurer relativement à la
caufe de la mort du duc de Lamb..., c'eft que la
vérolle fut le poifon qui l'enleva, à la fleur de fon
âge.

âge, dans la force de son tempéramment. Heureux s'il n'eût connu d'autre femme que la sienne,
& s'il eût été plus docile à la voix du devoir &
de la tendresse, qu'à celle de l'égarement & de
la débauche. Son aimable épouse fut elle - même
atteinte de cette maladie infâme, dont il eut l'imprudence de l'infecter. Elle eut le bonheur qu'on
y appliqua à tems les remèdes nécessaires, & elle
en guérit; mais le prince de Lamb... ne reçut aucun secours des soins qu'on lui porta trop tard;
l'inftant fatal était venu, il périt au milieu des dou-
leurs & des regrets.

Ce fut à peu près dans le même temps que le
duc de Ch...s guidé peut-être par cet esprit d'intérêt qui est le ressort des actions de presque
tous les hommes, pensa que Mlle de Pinth. était
un excellent parti pour lui. Il la demanda en mariage; & elle lui fut accordée sans beaucoup de
difficultées. Une Princesse chaste & vertueuse passa
au pouvoir d'un Prince épuisé de débauches, &
infecté de plusieurs vices de son âge : & quoi
qu'elle eût mérité à tous égards de fixer pour
jamais, & de rappeller aux devoirs de l'honneur

&

& de la décence son époux corrompu, elle eut la disgrace de voir qu'insensible à ses charmes & à ses vertus, il ne s'occupait qu'à sacrifier toujours à la vénus dissolue, & à chercher dans la ruse la plus base les moyens de dépouiller le duc pe Pinth.... de ses biens & de sa charge de Grand-Amiral de France. Exemple sensible que ni la naissance, ni l'éducation ne peuvent étouffer dans le cœur de l'homme le germe des passions que le hasard y a placé.

Tous les yeux des Français étaient fixés sur la conduite du duc de Ch...s. Le Public s'attendaient à l'époque de son mariage de voir réaliser l'une ou l'autre des prédictions faites lors de son entrée dans le monde; & chacun se flattait de voir son oracle accompli: ici nous ne pouvons ni cacher ni trahir la vérité: le duc de Ch...,s au lieu de se contenter des plaisirs purs qu'il pouvait goûter paisiblement, & à l'abri de toute censure, dans les bras d'une épouse respectable & qu'il devait chérir, continua à ne s'occuper que de ses premieres erreurs: il en chérit même pour lors sur la brutalité de ses valets. Les G....., les d'A....., associés de ses débauches, lui donnerent des preuves de leurs connaissances dans l'art de raffiner les plai-sirs. Mais celui qu'ils appellaient le plus parfait, était d'aller de bordel en bordel, où il se croyait incognito, & d'y faire des soupers fins à peu de frais avec des créatures infâmes & ramassées sur des bornes.

A Dieu ne plaise qu'en traçant ces turpitudes, notre intention soit de ternir la réputation du duc de Ch..., notre but, comme nous l'avons dit, est de châtier les mœurs, & de faire triompher la vertu.

En voyant de tels désordres, ceux qui avaient prédit que la montagne n'enfanterait qu'un rat immonde, satisfait d'eux-mêmes, regardaient sans rien dire, mais d'un œil moqueur, ceux du parti contraire, & voyaient avec une satisfaction peu chrétienne, mais naturelle à l'envie, que le duc de Ch...s passait dans des orgies sales & dégoû-tantes, des jours qu'il devait à son épouse, à sa gloire & à sa patrie.

Ceux au contraire qui l'avaient préconisé com-me une merveille, gardant un silence profond,

 &

& n'espérant aucunes faveurs de la part d'un Prince embourbé dans des paffions auffi baffes, fe mordaient les doigts, & le voyaient avec douleur rechercher par habitude, les objets de fa lubricité dans le rebut des proftituées les plus viles & les plus deshonoréés même dans les bordels. Mais ce qui mettait le comble à leur défefpoir, c'était de voir ce Prince emmener des racrocheufes des rues, qu'il croyait les plus fouples à fes inclinations, dans un temple qu'il a élevé au libertinage crapuleux aux environs de Paris, & dans lequel il exécutait les fcenes les plus impudiques dont on ait jufqu'ici tranfmis l'idée. Il eft des nuditées en peinture qui par leur naïveté & leur coloris font capable de faire naître, ou de réveiller le feu d'une jouiffance mal menagée & prefqu'éteinte : malheureux l'auteur qui ofe les tracer. Mais quand une image hideufe & par fes traits & par fon coloris, caufe un dégoût décidé pour un vice quelquonque, il eft nonfeulement bon de la découvrir au public, mais celui qui la poffede eft même obligé en confcience de la lui montrer. C'eft pour remplir notre obligation à cet égard,

que

que nous allons, Messieurs, vous tracer, autant
que la pudeur & la décence nous le permettront une
des scenes lubriques qui se représente assez souvent
dans le temple de la Vénus impure qu'a élevé le duc
de Ch...s sous le nom de la Folie. Ici nous laissons,
ainsi que nous l'avons dit au commencement de cet
ouvrage, la liberté au lecteur de faire ses remarques
& de porter son jugement. Quand à nous comme
historiens, nous rapportons fidellement des faits, &
comme apologistes nous les justifions quand il nous
est possible. Ce n'est qu'avec regret que nous nous
voyons forcés d'avouer, en cette circonstance,
que les mœurs & la conduite du duc de Ch...s
bien loin de mériter qu'on les admire, & qu'on
les imite, ne sauraient inspirer que du mépris &
de l'horreur aux honnêtes gens. Au reste le duc
de Ch...s n'est pas le premier qui se soit abandon-
ne à de pareilles faiblesses. Combien d'hommes dis-
tingués par leur mérite & leurs connoissances,
quoique dans l'abondance la plus parfaite des choses les plus délicieuses, semblables à des pour-
ceaux, n'ont-ils pas été fouiller avec volupté dans
les ordures les plus sordides & les plus immondes !

Le

Le duc de Ch... a pour coûtume, lorsque tout les autres plaisirs lui deviennent insipides, de faire faire une levée d'un certain nombre de beautés hardies des rues St. Honoré, de Grenelle, Maubuée, du Pélican, & autres semblables : pour être admises il faut qu'elles aient été chassées des autres bordels d'un meilleur ton, ou qu'elles aient pendant quelques mois pris l'air salubre du château de la Salpétriere, ou d'autres semblables qui se trouvent aux environs de Paris. Cet usage est une imitation suivant toute apparence de celui qui s'observe en Hanovre dans la promotion des Bas-Officiers. Il faut dans les troupes qu'un soldat ait passé au moins deux fois par les baguettes, pour pouvoir devenir sergent. La bande une fois portée au nombre ordonné est conduite dans le temple dont nous avons parlé ; là on commence à régaler à peu de frais les charmantes convives. Pendant les chaleurs excessives de l'été, pour qu'elles jouissent plus aisément de la fraîcheur des appartemens ou des bosquets, on leur ordonne de mettre à nud toutes les grâces & tous les défauts que dame Nature a répandus sur elles : dans

cet

cet admirable costume elles tiennent une conversation vive & animée; elles font différentes parties, & se présentent, sous différentes attitudes,
au juge de leurs appas. On se met à table pour sacrifier au Dieu du vin & à celui de la gour-
mandise, elles en sortent pour danser & courir
comme des Bacchantes, & enfin tomber enivrées
de plusieurs délires, entre les bras des laquais ro-
bustes qui, imitateurs gagés de leur maître se
livre sans réserve à tout ce que l'impudicité peut
suggérer à leur brutalité.

Pendant les rigueurs de l'hiver, les mêmes scè-
nes ont lieu dans cet endroit infâme, appellé
avec juste raison la folie du duc de Ch...s. Dans
cette saison, on allume de grands feux dans la
salle du festin. Les Bacchantes, rangées au tour
d'une grande table, & doublement échauffées par
les vapeurs des mets, des vins, des liqueurs &
de l'eau-de-vie la plus forte, se livrent avec au-
dace aux propos, aux attitudes, aux actions mêmes
les plus indécentes.

Un fameux libertin, qui quelques fois a été de
ces fêtes, s'exprimait ainsi en nous en parlant :

Un

Un jour , dit-il , je me trouvais à une de ces parties fines : le dîner fut affez bon ; le Duc, deux
hommes & huit femmes , nous étions tous nuds
comme la main ; cela ne nous empêcha pas de
faire honneur au repas ; lorfqu'il fut fini, le Prince
donna le fignal pour que chacun prit fon plaifir à
fa guife : tabourets, chaifes, fauteuils, bergères, fo-
phas , ottomanes dans un inftant furent occupés :
Monfeigneur fe promenait en long & en large , &
fon air rêveur me fit préfumer qu'il ferait fpecta-
teur oifif de tout ce qui allait fe paffer. Cependant je m'emparai d'une coquine qui m'avait beaucoup agacé , mais fon phyfique répondit de près,
fi mal à ce que j'en avais jugé de loin, que malgré
fes careffes , auxquelles je ne répondis que ma-
chinalement, j'eus le loifir d'obferver les différentes fcènes dont j'étais environné.

Une jeune impudique d'environ quinze ans ,
placée fur un fauteuil, les pieds fous fon cul, & les
cuiffes élargies, comme une guenon, fe chatouillait,
riait à grands éclats, & fe procurait, fans aucun fecours étranger, une jouiffance qui paraiffait parfaite.

Tout à côté d'elle deux impures, couchées l'une sur l'autre, & entrelacées comme des amans paffionnés de deux fexes différens, fe baifaient avec la derniere lafciveté, & fe frottant les parties honteufes l'une contre l'autre elles fatiguaient, ufaient & outrageaient la nature.

Trois tribades s'énervaient à la fois fur une ottomane, & femblaient mourir entre les bras de la volupté. Celle du milieu pouffait des cris de joie, & les convulfions qu'elle éprouva, furent fi fortes, qu'elle renverfa fes deux compagnes par terre, & refta feule fur l'autel où étaient empreintes les marques de mille facrifices femblables.

L'ami du Duc, homme grand & gros, mais ufé de débauche, pour ne pas faire connaître à fa chafte compagne, que dame Nature était chez lui fouvent négative & difficile, la preffait lentement fe tenant lui-même le cul tourné au feu.

Bientôt deux des trois tribades, dont j'ai parlé, fe livrerent à de nouveaux ébats qui m'étaient encore inconnus. Jamais le divin Arétin, le charmant Bocace, l'infâme Dom-B... & leurs imitateurs foutromanes, foutrographes & foutrologues, n'ont

décrit

décrit rien d'aussi sale, rien d'aussi infâme. Ces deux scélérates se passant réciproquement les mains sous le cul, & se plaçant la tête l'une à l'autre entre les cuisses, vers l'endroit que la décence ne nous permet pas de nommer, se procuraient la volupté par excellence, en chatouillant l'organe du plaisir avec celui de la parole.

Notre plume modeste ne se serait pas prêtée à une telle description, si elle ne nous eut conduits à l'éloge de la continence du Prince, qui, dégoûté sans doute de ces plaisirs abominables, se contenta, à ce que rapporte notre libertin, de gémir de pitié sur les faiblesses & les folies de la pauvre humanité.

D'après un témoignage aussi peu suspect sur la vertu du duc de Ch...s, au milieu même des tentations les plus violentes, qui pourra encore ajouter foi aux propos de ses détracteurs ? ils ont eu l'injustice de dire qu'il jouait lui-même les plus forts rôles dans ces orgies ; que quelquefois, après avoir bien bu & mangé, il s'érigeait en Priape, & recevait, dans l'attitude heureuse où l'on représente ce Dieu, les vœux, les offrandes & les

sacrifices

facrifices de toutes ces miférables créatures, &
qu'il prenait fur-tout un grand plaifir aux libations
des plus impures. Mais pourrait-on même foupçon-
ner ce Prince de pareilles puérilités?

Ce qu'il y a de vrai, & ce que nous pouvons affurer, c'eft que ce Prince a donné quelques fois des
fêtes galantes à de jolies femmes au temple de la
Folie : il en a donné auffi à des filles d'un certain
ton, telle que la du Thé, la Michelot, &c. &c. ;
mais en cela, certainement, tout le grand crime
qu'on peut lui reprocher, c'eft de s'être rendu
adultère avec des créatures qui prodiguaient leurs
charmes ufés à quiconque avait le moyen de fatis-
faire leur cupidité ou leur lubricité infatiables. On
a dit à l'égard de ces concubines du bon ton, que,
comme le duc de Ch.. s ne les payait généreufement
ni de fa bourfe ni de fa perfonne, elles affectaient
avec lui le langage de la bonne compagnie, & un
ton de décence, qui en peu d'inftant faifait bailler
le Prince, & qu'alors il allait d'un pas leger trouver fa vertueufe époufe, dont les careffes pures &
tendres ne lui paraiffaient délicieufes que parce
qu'elles ne lui coûtaient rien. Autre calomnie !

D   Pourquoi

Pourquoi donc tout le monde veut - il que ce Prince foit intéreffé ? Pourquoi faire un crime à un Prince jeune, bienfait, enjoué, & qui n'eft pas encore tout-à-fait épuifé, de ce qu'il veut obtenir gratis les faveurs & les bonnes grâces des courti-fannes illuftres? L'honneur de poff'eder un tel amant eft une récompenfe fuffifante pour celle dont il jouit ; & elle doit en être plus fatisfaite que d'une fortune brillante qui lui ferait offerte, & faite par un manan millionnaire.

.D'ailleurs le duc de Ch...s pouvait, avec d'autant plus de raifon, ne fe permettre aucune générofité à l'égard de toutes ces filles, qu'elles étaient déjà entretenues par d'autres feigneurs.

Que voudrait-on qu'il eût donné à la du Thé pour prix de fes faveurs? Voici la maniere char-mante dont cette courtifanne parlait de fon augufte amant : » c'eft un Silphe, difait-elle, que j'ai pour « amant ; cet adorable habitant de l'air ne me laiffe « rien à défirer ; je trouve le bonheur entre fes « bras, hélas! puiffe-t-il être éternel »?

La Michelot de fon côté avait-elle befoin des gé-nérofités du duc de Ch...s ? Non fans doute, elle

était

était alors entretenue aux dépens du public, par le prince Soub.... qui lui donnait vingt-quatre mille livres pour la dépenfe de fa table feulement. Cette actrice admettait à fa table tous les ribauts & ribaudes de ce tems, regnicoles & étrangers; pourquoi donc le duc de Ch...s ne s'y ferait - il pas trouvé comme un autre ? La Michelot devait être fiere des vifites que voulait bien lui faire fon Alteffe-Sérénillime.

Eh pourquoi aurait-elle été plus modefte que nombre de Gentils-hommes français & étrangers qui fe trouvaient très-honorés d'avoir rang au Palais-royal, dans les parties de ce Prince, & de s'y ruiner entiérement ? L'honneur effentiel d'une courtifanne eft d'avoir des amans illuftres, & de les dépouiller adroitement: l'honneur d'un fot Gentillâtre eft de fe ruiner à faire la partie d'un Prince. Au refte, le duc de Ch...s peut avoir ruiné quantité de perfonnes avec beaucoup d'honneur; & l'on aurait tort de croire qu'il ait fait ufage des leçons de Comus pour corriger la fortune. En effet, fon imagination feule peut lui procurer les moyens d'augmenter encore fes immenfes revenus fans qu'il

ait

ait befoin d'avoir recours à une induftrie auffi baf-
fe ; & qui, dans les hommes ordinaires, eft punie
d'une peine infâmante.

Nous croyons très-inutile de chercher à juftifier le duc de Ch...s de l'imputation injufte, d'homme intéreffé, & capable de tout entreprendre
pour fe procurer un intérêt fordide : car tels font
les termes feveres dont fe fert l'Auteur du Libel
que nous réfutons.

Il eft furprenant, lui difait un jour le duc d'Orl.,
qu'un Prince qui, comme vous, approche du thrône,
& qui tient le premier rang auprès du Roi, ne
s'y occupe pas d'une maniere convenable à fa naiffance ! Je fais, pour la premiere fois, réflection
que vous ne devriez pas refter ainfi dans une oifive-
té condamnable. C'eft ainfi que parlait le gros Duc
au Duc volupteux. Ce dernier qui ne manque pas
d'efprit, fourit de l'avis de fon pere, c'était le premier qu'il recevait de lui : fon amour-propre, cependant en fut réveillé, il y fit attention, & réfo-
lut de le fuivre par la fuite : d'autres projets, déja
conçus, exigeaient la préférence.

Vous allez peut-être, Meffieurs, nous demander
quel

quel pouvait être le motif du duc d'Orl... en don-
nant un auffi bon avis au Duc fon fils? Nous l'i-
gnorons nous-mêmes; & un couplet fait par quelque critique du tems, ne nous en inftruit guerres
mieux, quoique certaines perfonnes prétendent y
trouver la folution de notre queftion : voici donc
ce couplet :

COUPLET,

AIR : *Des Bourgeois de Chartres*

Pefant quatre cens livres,
Monfeigneur d'Orléans
Parut, quoiqu'il fut yvre,
Avec fes Courtifans ;
Il comptait fes chagrins
Au Prélat de Touloufe :
Voyez, difait-il, nos deftins,
Mon fils vit avec des Catins,
Et moi je les époufe.

Ce couplet eft extrait d'un noël abominable,
compofé fans doute par quelque diable, lors de la
naiffance du Dauphin; nous ne l'avons cité qu'avec
horreur; ainfi l'on peut juger de la fenfation que
nous ont fait éprouver les autres encore plus abominables.

Revenons

Revenons à notre Apologie. En ce tems - là le duc de Ch...s , bien déterminé à travailler à s'immortalifer d'une maniere ou d'une autre , fuivant l'avis du duc d'Orl. , s'occupa d'abord de plufieurs œconomies dans fa Maifon , & donna toute fon attention à un projet qu'il avait formé depuis longtems, de faire un changement total dans le Palais-royal, qui augmentât immenfément fes revenus : car, comme on dit, l'argent fait tout, la paix & la guerre. Il s'imagina, comme la plûpart des Anglais, mal inftruits & plein de préjugés , que le peuple n'avait pas même la faculté en France de réclamer fes droits, ni même celle de fe plaindre quand un Prince attaquoit fes propriétés. Mais fon Alt. Sér. oubliait pour lors que les Français vivent fous une Monarchie gouvernée par le plus jufte & le plus équitable des Rois, & non pas fous un defpotifme qui ne connait d'autres loix que les volontés du Tiran. Ce fut cette fauffe idée qui donna lieu au grand procès que le duc de Ch...s eut à foutenir contre prefque toute la capitale animée contre lui, & dont les prétendus droits n'etaient guerres bien fondés, puifque le duc de Ch...s a été

autorifé

autorifé à réduire le Palais-royal dans l'état où nous
le voyons aujourd'hui, au grand regrets des par-
ticuliers propriétaires des maifons qui l'environnaient, & auxquelles le Prince avait de fon plein
gré accordé des entrées dans le jardin.

Nous ne nous amuferons pas à rapporter ici
les Mémoirs faits au paravant la décifion de cette
grande affaire, non plus que toutes les Pafquina-
des qui furent répandues dans un Public aigri,
nous nous contenterons de tranfmettre à la poftérité quelques plaifanteries piquantes qui parurent
à ce fujet.

L'épître fuivante nous a paru mériter d'occuper la premier place.

ÉPITRE

A son Altesse Monseigneur le Duc de Ch.....s,

Sur le changement du Palais-Royal.

C'en eft donc fait ! Eh ! quoi nos plus beaux jours
obfcurcis à jamais par ton bel édifice,
vont caufer les regrets des Ris & des Amours !
Et tu l'as pu penfer ! Où eft donc ta juftice ?

Ce jardin fi vanté, de ton Ayeul augufte,
retraçait à nos yeux l'éclat & la fplendeur :

tu

tu cherche à le détruire! est-ce ainsi que ton cœur
veut prouver à Paris que ton pouvoir est juste?

RÉVOQUE cet Arrêt, cet Arrêt si bisarre :
laisse-nous les moyens de fixer les plaisirs :
retrace à ton esprit que comblant tes desirs,
chaque soir, à minuit tu étais moins barbare.

OU pourrons-nous, hélas! mettre à l'encan
        nos charmes ?
Ecoute nos soupirs, écoute nos regrets :
ton projet accablant flétrit tous nos attraits :
que ta pitie t'anime & tarisse nos larmes.

SOUS ces arbres touffus, à l'ombre du mystere,
& Plutus & l'Amour couronnaient tous nos vœux;
les jeunes & les vieux recherchaient à nous plaire,
payaient cher nos baisers, & se croyaient heureux.

ILS sont tous abbattus! il n'est donc plus d'azile!
sous tes riches arcades, irons-nous déformais?
irons-nous raccrocher dans les rues de la ville !
QUIDOR à tout moment troublerait notre paix.

CE Suppot vigilant de la Police altiere,
le jour comme la nuit nous déclare la guerre,
tandis qu'en ton jardin, trouvant la sûreté,
il n'osait y troubler notre félicité

LES C... sur ton cœur, n'ot-elles plus d'empire?
Ecoute le plaisir par lequel tout respire :
loge-nous dans ton sein, protege nos ardeurs,
en échange reçois le tribut de nos cœurs.

PAR-TOUT

PARTOUT où tu voudras, au gré de ton ivresse,
favoure la jouissance au lieu de la tendresse :
Nous bénirons tes jours, illustre Protecteur,
si ton cœur attendri nous donne le bonheur.

Ce fut ainsi que les chastes Nimphes de la rue
Fromenteau & des environs du Palais-royal expri-
merent, en mauvais vers, leur vive douleur, &
leurs tristes supplications. Elles firent parvenir
leur requête jusques sous les yeux du Prince,
qui, devenu insensible aux malheurs & aux attraits
de ces prostituées, eut à peine la patience de
lire en entier leur longue Jérémiade.

Dès que le cœur a eu la complaisance d'écouter
la voix de la vertu, le vice emprunte en vain les
formes les plus séduisantes pour y reprendre son
empire. La fermeté du duc de Ch...s n'éclatta pas
moins à l'égard des habitans des maisons qui entouraient le Palais-royal : leurs remontrances, leurs
plaintes, leurs prieres ne purent l'ébranler ; les sarcasmes les plus sanglans ne produisirent pas plus
d'effet, non plus que les brocards les plus piquans :
son Alt. Sér. se mit généreusement au dessus de ces
fadaises & ne s'occupa que de l'exécution de ses
grands projets.

E   Pour

Pour laiffer à la poftérité une idée du génie du peuple français de notre fiécle , & de fon reffentiment contre le duc de Ch...s nous allons citer une feule des plaifanteries qui furent trouvées ingénieufes , & qui firent non pas le plus de fortune, comme le dit mal-adroitement l'Auteur du Libel que nous réfutons, mais bien qui firent le plus de bruit. Telle qu'elle foit , elle penfa beaucoup coûter à fon auteur , le fieur Bergny. Cet imprudent avait fait graver une allégorie en tête de laquelle étaient écrits ces mots :

LE PRINCHE CHIFFONIER.

Son Alteffe y était repréfentée avec affez de reffemblance, portant une hotte fur le dos, tenant à la main un croc, avec lequel il cherchait & ramaffait, contre les bornes, des chiffons dont il empliffait fa hotte. Les vers fuivans étaient au bas :

Tel eft donc du Deftin l'arrêt & le caprice!
Quel changement bifarre! oh cruelle injuftice!
Ce matin dans le rang le plus grand, le plus beau ;
ce foir de la Fortune un exemple nouveau ,
moi, Prince, fuis réduit, oh difgraces contraires!
à chercher dans les coins par-tout des loque à terre.

LOCATAIRE.

Tout le fel de cette infipide épigramme ne fe trouve,

comme

comme on voit, que sur le dernier mot qui fournit la double idée de *Loques à terre*, c'est-à-dire de chiffons, & de LOCATAIRES de maison, dont on s'imaginait sans doute que les nouveaux édifices du Palais-royal seraient longtems dépourvus.

Rien donc, ainsi que nous l'avons dit plus haut, ne fut capable de modérer l'ardeur du duc de Ch…s dans l'entreprise de changer la face du Palais-royal : il adopta le plan qui lui fut présenté ; & après avoir donné ses ordres à ce sujet, il s'occupa sérieusement du conseil que le duc d'Orl.., son pere, lui avait donné.

La guerre qui semblait s'allumer entre la France & l'Angleterre lui fournissait un moyen bien facile de satisfaire son humeur guerriere, & son ambition de ceuillir des lauriers, ou plutôt d'en mériter ; car cette derniere expression nous paraît plus naturelle, sur-tout en parlant d'un héros qui va poursuivre sur mer les ennemis de sa Patrie & de son Roi. Ce fut dans cette noble intention que le duc de Ch…s résolut de demander, à Louis XVI, de l'occupation sur la flotte qu'on armait, & qui devait incessamment mettre en mer.

Tandis

Tandis que Louis, pere de son peuple, s'occupait des moyens de couvrir de gloire Lui & la Patrie, & qu'il travaillait à humilier & à affaiblir pour jamais la nation orgueuilleuse qui paraît être née son ennemie; le duc d'Orl... pensait sérieusement à faire jouer la comédie; froidement acceuilli à la Cour de Versailles, il n'y paraissait que rarement, & préferait, avec raison; l'avantage d'être le premier de sa cour, & de tenir le premier rang au théâtre de Md. de Mont., à la gloire de se courber à côté du Souverain, & de mériter de lui des regards de faveur : il ne pouvait donc rien auprès du Roi pour l'avancement du duc son fils. Celui-ci rendait plus fréquemment ses dévoirs à Sa Majesté, & par une cour plus assidue s'efforçait d'obtenir un emploi dans lequel il pût se signaler & se rendre digne du rang que la naissance & la fortune lui avait donné.

Louis XVI, par sa bonté naturelle, son caractere humain & sensible, venait de mériter le surnom de JUSTE; son régne heureux versait déjà un doux oubli sur les calamités dont celui de son ayeul avait été fletri : les vertus s'approchaient

du

du trône avec plus de confiance ; & les vices conf-
ter-és fuyaient l'afpect du Monarque, fe tenaient
cachés à Lucienne chez la Dubarry, & à Chatoux
chez le célèbre Meaupou, Chancélier de France.
Ceux qui ofaient refter à la Cour étaient forcés de
fe ranger à côté de leur protecteur le Maréchal
duc de Richel..., & d'emprunter comme lui la ca-
faque bigarrée de l'hypocrifie : les filles célèbres
& obfcures fuyaient la lumiere du jour, & leurs
producteurs défolés les abandonnaient pour s'occuper de leur propre fortune par des voies moins
deshonorantes.

Toutes les entreprifes du Roi paraiffaient devoir
être fuivies du plus heureux fuccès; tout confpi-
rait à fa fatisfaction parfaite : mais ce qui mit le
comble à fon bonheur fut la naiffance d'un fils,
qui, fi les vœux fervens que nous faifons pour
la Patrie, font exaucés de l'Eternel, fera à fon
tour le pere des Français, & l'héritier des vertus
& de la puiffance de fon pere.

L'Angleterre, toujours envieufe de la gloire &
de la profpérité de la France, à peu-près dans
le même tems, commença fes incurfions, & contre

la

la foi des traités, elle infulta, fuivant fon ancien
ufage, le Pavillon Français. Le Roi prit de juftes
mefures pour punir les traîtres & les audacieux.
Les papiers publics, & les amufemens bruyans de
la populace ont inftruit jufques à quel point cette
intention réuffit... Nous n'en dirons rien que
ce qui pourra avoir trait à l'hiftoire du Prince
dont nous faifons l'Apologie.

Le duc de Ch...s voyant une rupture bien décidée entre la France & l'Angleterre, crut qu'il ne
pouvait choifir un moment plus favorable pour folliciter la place de Grand-Amiral : il prit foin d'or-
ner fa mémoire de tout ce qu'il devait dire au
Roi, & lorfqu'il fe crut en état, il prit le chemin
de Verfaille, où, plein de cette confiance qui eft
le préfage ordinaire du fuccès, il tînt au Roi ce
difcours :

SIRE,

» Tout en chériffant la paix de la Nation, qui
« forme le bonheur du peuple fur lequel vous
« régnez, je gémiffais de l'indolence où votre
« Nobleffe fe voyait plongée. L'envie d'une Na-

« tion

« tion de tout tems ennemie de la vôtre, a rallu-
« mé dans tous les cœurs français le desir de sou-
« tenir l'honneur inséparable de la nation. Héri-
« tier du Grand-Amiral de vos Etats, ce n'est
« qu'avec douleur, sans être cependant jaloux du
« choix de Votre Majesté, que j'ai vu tout autre
« que moi chargé de la deffense de vos intérêts.
« La raison seule m'a consolé. Je n'ignore pas les
« erremens de la discipline militaire, & n'ayant
« aucun grade dans la Marine, je vous supplie de
« me permettre d'en obtenir en qualité de Volon-
« taire sous le Commandant général de votre flotte,
« & de joindre à cette permission, celle de trai-
« ter avec mon très-cher & très-honoré Beau-
« pere, d'une Charge que je m'efforcerai de mé-
« riter par mes travaux & mon zèle à servir Vo-
« tre Majesté ».

On ne nous a pas dit si le Roi fut charmé ou
non de l'éloquence & de l'énergie de cette superbe
harangue ; mais on nous a communiqué la réponse
de Sa Majesté, & nous nous faisons un devoir
de la transcrire ici avec la plus exacte fidélité.

« Je

« Je ne puis blâmer votre émulation : efforcez-
« vous de mériter les grades que vous demandez.
« Quant à la Charge de Grand-Amiral, Je veux
« que votre propofition me foit faite par votre
« Beau-pere lui-même, car je ne prétends point
« forcer fa main en aucune maniere, ni même té-
« moigner la moindre envie que cela foit ».

Le duc de Ch...s ne crut pas que cette réponfe
renfermât un refus pofitif; il alla trouver le duc
de Pinth... & lui fit fes propofitions. Le Grand-
Amiral lui répondit en ces termes : « le Roi eft
« maître de difpofer de ma Charge; j'attendrai
« fes ordres ». Son Alt. Sér. ne concevant pas encore le vrai fens de cette réponfe, fit les préparatifs de fon départ, & laiffa bientôt fa tendre
époufe défolée de fon abfence. Il fallait courir
après les grades qui lui manquaient pour parvenir au dernier degré de fon ambition. Il s'imagina que tout allait plier à fa volonté; que la
mer, les vens, les Français, les Anglais propices
à fes vœux, lui accorderaient une faveur fi conftante & fi décidée, qu'au bout de quelques mois

il ne lui refterait plus rien à défirer. Gonflé de cette fumée qui fait les héros, il part pour Breft : à peine y eft-il arrivé que, s'imaginant faire une campagne, & même un voyage de long cours, il joint la Flotte en rade. Là, d'un œil curieux & étonné, il voit des manœuvres différentes à celles des fpectacles de Paris : il s'applique autant qu'il eft poffible à un Prince du fon rang, à fe former quelques idées de la conftruction & de la naviga-tion : fon efprit pénétrant trouve bientôt de la différence entre la coupe d'un vaiffeau de guerre, & celle d'un batteau d'huitres qui remonte la feine pour venir empoifonner les Parifiens : bientôt il voit, avec ce plaifir vif que caufe la vue d'une mer-veille, les vaiffeaux de fa Majefté marcher au gré des pilottes & des commandans, fans emprunter les fecours des chevaux, comme la galiotte de Saint-Cloud. Il apprit en peu de tems à diftinguer la poupe d'avec la proue ; les noms des mâts, ceux des voiles principales lui devinrent familiers en peu de jours : tribord, babord, fabord, virer de bord, recevoir une bordée, lâcher une bordée, prendre chaffe, donner chaffe, donner fur l'ennemi, fe battre à portée & hors de portée, prendre la fuite furent des chofes & des actions qui lui devinrent auffi familiéres que l'Opéra, la Comédie Italienne, la Comédie Françaife, la rue St. Honorée, pourfuivre une jolie femme fur le ton, vaincre une belle Anglaife proftituée, céder a une grifette, baiffer pavillon à la Folie, &c. &c. &c. Les Dugay-Trouin & le fameux Jean - Barth, joignez-y même les plus fameux Marins de notre fiécle, n'en cennoiffaient pas d'avantage lorfqu'ils faifaient leur apprentiffage dans la Marine. Les affaires fréquentes font les hommes d'affaires; eh bien, les campagnes fréquentes fur mer font les hommes de mer, & il ferait abfurde & injufte de vouloir que le duc de Ch...s eût été plus parfait marin la premiere fois qu'il fe trouva fur la Flotte Françaife, que ne l'eft un mouffe de huit ans; car enfin chaque chofe à fon principe ou commencement.

On dit cependant à fa louange, qu'il s'était fait donner, avant fon départ de Paris, quelques leçons fur les manœuvres qui fe pratiquent dans les vaiffeaux, que la théorie indique, & qu'une lon-

gue

gue expérience enseigne ; & que pour faire l'aissa
de ses connaissances dans cette partie , il entreprit de commander les manœuvres sur le vaisseau
qu'il montait. Les Officiers-généraux , par pure
déférence, lui laisserent faire à sa volonté ; & si
le hasard l'eût servi favorablement, son coup d'essai
eut été le plus heureux du monde.

Le 8 juillet 1778 , une flotte composée de
trente-deux vaisseaux de ligne , accompagnés d'une
infinité de frégates, appareilla du port de Brest.
Ces vaisseaux furent partagés en trois divisions ;
toutes étaient sous les ordres du comte d'Orvilliers , qui avait pour second , dans sa division , le
comte de Guichen : la seconde division avait pour
Commandant le comte Duchaffault , assisté de M.
de Rochechouard : le duc de Ch..s , Prince du Sang,
était à la tête de la troisieme division , il était
secondé par cet Amiral, comte de Grasse, de hon-
teuse mémoire, & M. de la Motte-Piquet, quoiqu'Amiral, remplissait l'emploi de premier Capitaine dans le vaisseau que montait son Alt. Sér.
C'est ainsi que pour conduire un géant à la liziére,
dans sa plus tendre enfance, deux hommes de

la

la plus riche taille fuffifent à peine , & de peur
que l'enfant fe caffe la tête dans fes chûtes, on
le munit d'un bourlet.

Le 9 du même mois, c'eft-à-dire le lendemain ,
la flotte Anglaife qui , quelque tems auparavant,
avait été devant Breft, & s'était refugiée à Ports-
mouth , remit en mer avec trente vaiffeaux de
ligne, quelques frégates & deux brûlots. Il n'y avait
pas un vaiffeau de cette flotte qui ne fut comman-
dé par un Marin connu par fon expérience , fon
habileté & fon courage.

A l'imitation , peut-être, de la flotte Françaife ,
la flotte Anglaife fut partagée en trois efcadres :
la premiere eut pour commandant fir Robert Hart-
land, Vice-Amiral de la rouge ; le Commandant
de la feconde, nommée l'efcadre bleue, était fir
Hugh Paliffer, Vice-Amiral ; à la tête de la troi-
fiéme , efcadre était l'Amiral en chef, Auguftus
Keppel, fecondé par le contre-Amiral Campbell,
fon ancien ami , Officier diftingué par fes connaiffances & la bravoure.

Ces deux flottes, les plus belles & les plus fortes
que l'Océan eut portées jufqu'alors, vinrent en vue
l'une

l'une de l'autre, le 23 du même mois, dans l'après dîner. Quelle fut celle qui chercha avec le plus d'ardeur à engager le combat ? Quelle fut celle qui manœuvra avec ls plus d'intelligence ? Quelle fut celle qui remporta la victoire? Ce font des queſtion auxquelles l'Angleterre feule pourrait répondre avec véracité. La flotte Françaiſe peut ſe flatter au moins d'avoir attaqué la flotte Anglaiſe, d'avoir déſemparé pluſieurs de ſes vaiſſeaux, & d'avoir eu les apparences au moins d'un avantage peu conſidérable; mais voyons de quelle manière ſe comporta, dans cette action douteuſe, la diviſion, & ſur-tout le vaiſſeau qui étaient ſous les ordres de ſon Alt. Sér. Le vaiſſeau que montait le duc de Ch...s était appelle le St. Eſprit, vaiſſeau du premier rang, outre cela abondamment pourvû de munitions de guerre, & plus encore de proviſions de bouche, ſuivant l'uſage des vaiſſeaux qui portent des Amiraux. Un Gentil-homme de notre ſociété, qui a navigué quelque tems avec un Amiral, trouva fort injuſte le reproche fait au duc de Ch...s, dans le Libel que nous nous efforçons de détruire, d'avoir eu des cuiſiniers, des marmitons,

deſ

dès officiers d'offices, des rotiffeurs & des fommeil-
lers fans nombre. Comme fi un Prince, difait-il,
était moins Prince à bord d'un vaiffeau que fur
terre ! La Patrie, continuait-il, doit à tel prix
que ce foit procurer aux marins, fuivant leur
naiffance & leur rang, tous les befoins & tous les
plaifirs qui font en fon pouvoir, auffi grands &
auffi difpendieux qu'ils puiffent être; rien ne peut
compenfer les dangers & les peines que fouffrent
ces braves gens fur cet élément cruel, où pour
l'ordinaire toujours environnés de craintes & de
maux, ils font privés des douceurs de la vie, de
la jouiffance des femmes, des enfans, des amis, de
la Patrie & de l'Opéra.

C'eft avec une injuftice égale qu'on reproche à
fon Alt. Sér. d'avoir fait une ample provifion de
tapis & des cartes: à quoi veut-on donc qu'un Prince paffe fon tems fur mer ? Boir, manger, dor-
mir font des néceffités indifpenfables à la confervation de l'homme, mais ces mêmes néceffités n'ab-
forbent pas tous les momens de notre exiftence.
Veut-on qu'un Prince qui doit être Grand-Amiral de France, fuive fervilement la marche d'un

pilotin

pilotin qui, pour parvenir premier pilote, n'a dans la tête que gouvernails, bouſſoles, cartes, compas, livres de Loq, &c. &c.? Tous les amuſemens poſſibles ſont permis dans un vaiſſeau, pourvu que le ſervice n'y ſoit pas négligé, & que l'intelligence & le courage ſe trouvent réunis quand l'occaſion s'en preſente : peu importe que l'on boive, mange, que l'on danſe ou qu'on joue, pourvu que l'on batte l'ennemi quand il ſe préſente, & qu'on couvre ſa Patrie, ſon Roi & ſoi - même des lauriers de la bravoure & de la victoire. C'eſt ainſi ſans doute que raiſonnait le duc de Ch...s, lorſque, favoriſé par le haſard, il ruinait au jeu les Officiers de ſon équipage, & ceux des vaiſſeaux de ſa diviſion, qui s'expoſaient à venir faire ſa partie.

Quoiqu'il en ſoit, & qu'on en puiſſe dire, tout allait pour le mieux dans l'eſcadre commandée par le duc dn Ch...s, & conduite par ſes tuteurs, lorſque le combat s'engagea.

L'Amiral Anglais plein de préjugés & d'amour-propre, & en même tems dans le deſſein d'aſſurer ceux qu'il commandait de la victoire, avait fait

préparer

préparer une chambre très-propre & très-commode dans le vaiſſeau la Victoire, qu'il commandait, pour y recevoir ſon Alt. Sér. : avec cette noble fierté ordinaire à tous les Conquérans, ſa bravoure & ſon intelligence dans la Marine, l'avaient induit à la perſuaſion que le duc de Ch...s ſerait infailliblement ſont priſonnier. Pour y réuſſir, il dirigea ſa courſe & ſon feu ſur le St. Eſprit qui lâchait, hors de portée, à tort & à travers mainte-&-maintes bordées. M. de la Motte-Piquet, capitaine à bord de ce vaiſſeau le St. Eſprit, Officier brave & intrépide, expérimenté & vraiment homme de mer, déſira commander la manœuvre, mais le duc de Ch...s n'y conſentit point, voulant qu'on attribuât à lui ſeul la gloire & l'avantage d'avoir, par ſon courage & ſes talens, rabbatu l'orgueil du préſomptueux & audacieux Keppel. Cependant les manœuvres commandées & exécutées de part & d'autre rapprocherent beaucoup les combattans : bientôt le St. Eſprit ſe trouva dans le plus éminent danger d'être ou coulé à fond ou d'être pris; la prudence & la valeur de ſon Alt. Sér. & celle de M. de Graſſe,

ſe

se trouverent infuffifantes à la circonftance, & fur
tout au feu des ennemis qui les chauffaient de très-
près. Cependant l'Amiral Français s'apperçoit de
la détreffe du St. Efprit, lui fait des fignaux utiles
& néceffaires; mais la terreur avait aveuglé les
Commandans qui fe croyaient fans doute avant le
combat, dans une efpèce de camp de réferve, c'eft
à-dire qui étaient dans la plus grande fécurité;
perfonne ne voit les fignaux donnés, perfonne n'y
répond, on commence même à ne plus ripofter au
feu de l'ennemi; on fe replie fans favoir où l'on va,
fous la feconde divifion, au lieu de reprendre fa
place, & de continuer bravement le combat, &
par une manœuvre fauffe, mauvaife & digne de
blâme, le St. Efprit allait devenir la proie des Anglais fi le vaiffeau le Languedoc ne fût accouru à
fon fecours, & ne l'eût couvert entièrement
de l'ennemi, dont il reçut lui-même tous les
efforts pendant que le duc de Ch...s fe retira du
mieux qu'il put, jurant fans doute, qu'on ne l'y re-
prendrait plus.

Par tout ce qui vient d'être dit, on voit bien
que l'on ne peut reprocher au duc de Ch...s, dans

G

cette

cette affaire, que l'ignorance de la Marine & un défaut de docilité ; quant à son courage, on ne peut le révoquer en doute, puisqu'il est vrai, suivant l'assertion de témoins oculaires, que son vaisseau commença à tirer des premiers, avant même que l'ennemi fût à portée de voir ou d'entendre le feu de ses batteries. Il s'est trouvé cependant des calomniateurs insignes assez animés contre ce Prince pour oser dire que, durant tout le tems de l'action, c'est-à-dire tant qu'il y eut du danger à se tenir sur les ponts, il était dans la calle entre les bras du comte de Genl..., son tendre ami, lequel, peu accoûtumé lui-même aux concerts de semblables instrumens, faisait avec lui un duo de crainte, & représentait la scène la plus attendrissante. Enfin chaque vaisseau reprit sa place en bon ordre ; le courage revint à ceux qui avaient été intimidés faute d'usage ; & à sept heures du soir, les Français & les Anglais, contens les uns comme les autres d'avoir battus leurs ennemis, & remporté une victoire signalée, firent voile & se quittèrent pour aller réparer leurs dommages les uns vers Brest, les autres vers Ply-

moult

-moutlh, où ils furent acceuillis aux acclamations de joie du Public, comme les reflaurateurs de la gloire & de la sûreté de leurs Patries refpectives.

La Flotte Françaife une fois rentrée à Breft, le duc de Ch...s ne penfa plus qu'à retourner à Paris. On lui avait fait à croire qu'il s'était comporté, fans s'en douter, avec le plus grand héroifme, & qu'il méritait les plus grands éloges & du Roi & de toute la France. Plein de cette idée, qu'il avait lui-même peine à nourrir dans fon imagination, il partit le plutôt qu'il lui fut poffible de Breft pour Verfailles, où il arriva le premier août. Le Roi, peut-être par un preffentiment dont on ne peut rendre raifon, ne lui fit qu'un affez froid acceuil, malgré les détails circonftanciés de la victoire douteufe remportée fur les Anglais, dans la journée du 27 juillet précédent.

Cette réception n'ayant rien diminué de la fatisfaction intérieure du duc de Ch...s, il vînt tout triomphant à Paris, le 2., & defcendit à fon Palais fur les cinq heures du foir. Tous fes appartemens étaient remplis de courtifans qui l'attendaient. Les efcaliers - même étaient fi pleins de

monde

monde qu'il eut peine à monter dans ses appartemens. L'abbé Delaunay lui avait préfenté, à la
defcente de fon caroffe, une piéce de vers inti-
-tulée BULLETIN DU PARNASSE, qu'il ne fe
donna pas le tems de lire; & nous nous faifons
un vrai plaifir de publier ici qu'il facrifia quelques inftans entre les embraffemens de fa digne
époufe & de fes charmans enfans, avant de voler
à fon cher Opéra. Là, il s'attendait bien de re-
cueillir de nouvelles acclamations qui mettraient le
comble à fa gloire & à fa fatisfaction. Il parut
d'abord fur fon balcon avec Madame la Ducheffe:
le peuple, en les voyant, exprima par des cris
de joie le plaifir que cette fcène lui caufait. Le
Prince fe rendit enfuite à l'opéra : tous les fpec-
tateurs fe levèrent & l'applaudirent pendant près
d'une demie-heure. L'orcheftre joignit fon bruit
à celui de l'affemblée, & exécuta de bonne foi
une fanfare triomphale. On avait, dit-on, délibé-
ré de lui préfenter une couronne ; mais quelqu'un
plus fage que les autres, propofa de différer ce
dernier acte de triomphe, jufqu'à ce que la Renommée eût publié, avec fa trompette véridique,

tique, les circonſtances du combat, & l'avantage de la victoire.

Cette ſage repréſentation n'empêcha pas que l'on exécutât un concert ce ſoir même chez le Prince; Mlle. Arnoux & l'Arrivée y déployerent tous les charmes de leurs voix, & toutes les graces de leurs individus. Le zèle & l'enthouſiaſme de la première, en chantant ſon héros, furent ſi grands, que ſa voix ne correſpondant pas avec ſon cœur, elle fut huée à pluſieurs répriſes.

Les vers préſentés à leurs Alt. Sér. étaient de la compoſition du ſieur Moline, qui les avait aſſaiſonnés des flatteries les plus plattes & les plus fades, & d'hiperboles du dernier ridicule.

La Comédie Italienne, que le Prince honora dès le lundi ſuivant, pour ne pas perdre la gloire d'y être loué & complimenté, avait fait un compliment qu'elle exécuta avec beaucoup d'eſprit; mais il était plus relatif au plaiſir qu'elle reſſentait du retour du Prince, qu'à la victoire qu'il avait remportée. Ce même ſoir quelques habitans des environs du Palais-royal, & pluſieurs per-

ſonnes

fonnes qui font attachées à ce jardin , comme des chenilles à l'arbre où elles ont pris naiffance, fe cottiférent pour y donner une pitoyable mufique, & y faire exécuter un trifte feu d'artifice. Toutes les fenêtres qui donnaient alors fur le jardin furent illuminées; la populace eut la liberté d'entrer même dans les appartemens, & la licence fut fi grande dans le jardin , que les orgies & les bacchanales n'offrirent jamais aux Payens des tableaux plus obfcènes.

La Princeffe fenfible aux démonftrations d'applaudiffemens & de fatisfaction d'un peuple en délire, & partageant la gloire & la joie de fon cher époux, ne put fe refufer à fe promener cette nuit dans le jardin. Mlle. Arnoux inftruite du moment où leurs Alt. Ser. paffaient fous fes fenêtres, s'efforça de réparer l'honneur de fon gozier en célébrant de nouveau leur gloire; & elle y réuffit de la maniere la plus heureufe.

Le lendemain le duc de Ch...s fe trouvant encore à l'Opéra, reçut un nouveau grain d'encens que lui offrit l'Arivée dans le rôle de Ricimer de l'Ernelinde.

Ce fut ainfi que le duc de Ch...s , mal inftruit,
lui-

lui-même fur fon propre mérite, s'enivrait à longs
traits de louanges flatteufes qui devaient bientôt
fe transformer en reproches & en ridicules, &
prenait des couronnes de fleurs & de feuilles ar-
tificielles pour des couronnes de laurier.

Nous ne finirions pas fi nous voulions donner
même un précis des folies auxquelles le peuple
crédule s'abandonna dans fon enthoufiafme; nous
n'en citerons qu'une feule. Des Badauts, fans-
doute attachés à la Maifon du duc de Ch.....s,
avaient habillé un manequin, pour figurer l'Amiral Keppel, qui, fuivant eux, avait été le champion que fon Alteffe avait vaincu : un faifeur de
plats impromptus compofa, en ce tems, une complainte fur la défaite de cet Amiral : cette char-
mante complainte fut chantée avec tous fes agré-
mens en préfence de leurs Alt. & d'une affemblée
innombrable : mais ce qui excita encore plus les
battemens de mains & la fatisfaction des fpecta-
teurs, fut la tragédie pour rire qui fuivit im-
médiatement les triftes couplets : Keppel fut mis
dans un tombereau, & après y avoir été bien baf-
foué, avoir reçu toutes fortes d'injures, d'infultes
& d'imprécations, quatre badauts, dans un accès

de

de frénésie, le jetterent à l'eau, dans le baffin. D'autres fots, pour aggraver encore le fort malheureux du pauvre mannequin Keppel, le chargerent des chaifes & des pierres qu'ils trouverent fous leurs mains.

Tandis que toutes ces fêtes fe donnaient à Paris, les ports de France, & dejà quelles ques villes de l'intérieur du Royaume, retentiffaient de chanons faites à la gloire du duc de Ch...s, de l'Amiral d'Orvil... & du Miniftre de la Marine. Le fils d'un Négociant de Bordeaux, dont le nom PERLCY doit à jamais être confervé dans les regiftres de la Mémoire, inventa les couplets fuivans qui furent chantés dans toutes les provinces méridionales, par les petits & les grands, par les nourices mêmes pour endormir leurs enfans.

Air *C'eft la Fille a Simonette.*

ECOUTEZ bién la nouvelle
que je vais vous raconter :
le récit eft très-fidelle,
vous pouvez tous y compter :
il s'agit de notre gloire,
de valeur & de fuccès,
dès qu'on parle de victoire
çà regarde les Français.

D'Orvilliers

D'Orvilliers, hors de la Manche,
arborait depuis longtems
pavillon à flâme blanche,
entouré de braves gens.
Keppel paraît, on le pique,
malgré ce qu'on en dit,
il va, comme un hérétique,
attaquer le SAINT - ESPRIT.

Aifément on imagine,
qu'en voyant ce furibond
le Saint-Efprit l'illumine
d'une nouvelle façon :
d'Orl. qui vient combattre,
faifant pointer fes canons,
fe bat comme un Henri-quatre,
c'eft l'ufage des Bourbons.

D'Orvilliers qui partout veille,
chauffe l'Anglais Amiral,
qui baiffe bientôt l'oreille
devant l'affreux bacanal.
Que faire ? A quoi fe réfoudre ?
il fe fauve au fil de l'eau :
difant qu'il a vu la foudre
embrâfer tout fon vaiffeau.

Pourfuivant ce téméraire,
nos trois braves Généraux,

H   fur

fur les côtes d'Angleterre ;
ont fait briller leurs fanaux.
Keppel, en rufe fertile,
a bientôt fçu leur prouver
qu'un marin, vraiment habile,
fans fanaux peut fe fauver.

SART... accourt de Verfailles,
la joie était dans fon cœur.
Louis apprend la bataille,
avec le nom du vainqueur :
quel doux tranfport d'allégreffe
produit cet exploit fameux !
tout lui plaît, tout l'intéreffe
dans fes fujets valeureux.

D'un avenir bien finiftre,
je vois l'Anglais menacé :
laiffons faire ce Miniftre
il a fi bien commencé :
avant la fin de la guerre,
il fera, je le prédis,
la Police en Angleterre,
comme il l'a faite à Paris.

Nous laiffons au Lecteur, inftruit & impartial,
le jugement du mérite de cette chanfon char-
mante,

mante, qui a fait tant de bruit dans la France, &
tant de fenfation dans l'efprit du duc de Ch...s.
Tout y refpire le bon goût, tout y eft vrai, tout
y eft exprimé d'une maniere tout-à-fait nouvelle.

Parmi une infinité de chanfons du goût de la
précédente, il s'en trouva encore une qui ne peut
manquer de tranfmettre dans les fiécles à venir,
l'illuftre mémoire du duc de Ch...s. Celle-ci fut
intitulée,

LE DÉJEÛNER
ANGLAIS.

Air : JUPIN UN JOUR EN FUREUR.

J'AI fouvent fait réflexion
que le matin d'une victoire,
tous les favoris de la gloire
avaient un fommeil profond :
ainfi Condé, tel Alexandre,
aux champs d'Arbelle & de Rocroi,
dormaient dans la bonne foi,
dormaient dans la bonne foi,
qu'on devait les attendre.

Monfeigneur il faut vous lever,
dit Foiffi, chaud comme une braife ;

Foiffi, Ecuyer de Son Allteffe-Sér.

l'Amiral

l'Amiral de la Flotte Anglaife
vous demande à déjeuner.
Quoi, dit Bourbon, cet hérétique
vient vifiter le SAINT-ESPRIT !
par ma foi, fans contredit,
l'aventure eft unique.

Qu'on s'apprête à le fêtoyer,
dit Bourbon à fon équipage ;
pour maître-d'hôtel de paffage
je choifis un canonier :
l'Amiral arrive, & s'étonne
de trouver tout prêt le repas ;
on traite jufqu'aux goûjats,
car Monfeigneur l'ordonne.

Pour mieux régaler les Anglais,
on joignit à la bonne chére,
un excellent vin de Tonnerre,
que Mars fit tirer tout exprès.
Les têtes anglaifes tournèrent
pour avoir vuidé maint flacon,
Parbleu ! le vin était bon,
mais beaucoup en crevèrent.

Keppel rentrant fur fon pallier,

n'avais

n'avait non plus tête fort faine ;
foit trop de boiffon, foit migraine,
il tomba dans l'efcalier :
pour le remettre dans fa route,
Bourbon ordonne en quatre mot
qu'on allume les falots,
Keppel n'y voit plus goûte.

Il faudrait vraiment n'avoir aucune connaiffan-
ce ni des beautés, ni des grâces de la Poëfie Fra-
çaife, ni même de la richeffe de cette Langue,
pour ne pas s'arrêter d'admiration à chaque |vers
de cette chanfon . dont prefque chaque mot eft
une épigramme dès plus heureufes.

On jugera bien autrement fans doute, & avec
raifon, de l'infipide & méchant Vaudeville que
compofa un Poëtereau envieux certainement du
fuccès & de la gloire du duc de Ch...s. Cette pro-
duction calomnieufe vola fur les aîles de la Renommée, paffa de main en main, d'oreille en
oreille, de bouche en bouche; & après avoir par-
couru la Capitale & les provinces, parvînt-même
jufques à la Cour, où elle fut, dit-on, fort accueil-
lie, & très-goûtée, tant eft grande la dépravation

du

du goût & des mœurs : on affure-même qu'elle fut chantée à table en plufieurs petits comités. L'Auteur porte la raillerie piquante jufques dans l'air-même de fon Vaudeville qu'il adreffe à fon Alt.-Sér.

Air : *Des Revenans.*

VOUS faites rentrer notre Armée,
l'Angleterre, très-allarmée,
vous en louera :
& vous joindrez à ce fuffrage,
les lauriers & le digne hommage
de l'Opéra.

Quoi ! vous avez vu la fumée !
Quel prodige ! la Renommée
le publiera :
revenez vîte, il eft bien jufte
d'offrir votre perfonne augufte
à l'Opéra.

Tel cherchant la Toifon fameufe,
Jafon fur la mer orageufe
fe hafarda,
Il n'en eut qu'une, & pour vos peines,
il vous en promets deux douzaines
à l'Opéra.

Chrs

Chers Badauts, courez à la fête ;
parmi vous criez à tue-tête,
    Bravo ! Brava !
cette grande action de guerre
est telle qu'il ne s'en voit gueres
    à l'Opéra.

Grand Prince pourfuis ta carriere,
franchis noblement la barriere
    de l'Opéra.
par de fi rares entreprifes,
à jamais tu t'immortalifes
    à l'Opéra.

Qui pourra jamais croire que des Français de la premiere claffe, & du plus haut mérite, aient trouvé dans de telles platitudes, le fel de nos anciens, la gaieté & la fine raillerie françaife ; & que le comte de Maurep. lui-même, qui détefte les plaifanteries, ait pris plaifir à les entendre, à les lire, à les chanter ! D'un autre côté, l'Auteur téméraire du Noël abominable, dont nous avons parlé au commencement de notre prefent Ouvrage, met dans la bouche du duc de Ch...s le couplet fuivant :

AIR : *Des Bourgeois de Chartes*

Ch...s difait : l'Hiftoire

            s'occupera

s'occupera de moi.
La plus brillante gloire
couronne mes exploits :
je voulais effayer
d'adoucir l'onde amère,
ma Flotte a fi bien manœuvré,
qu'elle n'a fait pendant l'été
que de l'eau toute claire.

Ce qu'il y a de fingulier, c'eft que pendant que ces chofes fe paffaient en France, l'amiral Keppel, & les autres Amiraux Anglais rentrés dans leurs ports, avec toute l'apparence faftueufe de Conquérans, recevaient dans la Capitale & la Cour les acclamations, les lauriers, les récompenfes, les fêtes & les noms de libérateurs de la Patrie, & confervateurs de la gloire du pavillon Anglais. On célébrait, de la maniere la plus folemnelle, la défaite de la flotte Françaife mife en fuite dans l'état d'un défaftre irréparable ; & l'on publiait tout haut que le St. Efprit n'avait échappé qu'à force de voiles, & parce qu'il avait été couvert par la bravoure du capitaine du Languedoc.

Bientôt le Tems qui n'aime pas que la Vérité foit couverte du voile le plus léger, & qui au contraire a grand foin de le déchirer, pour avoir le plaifir de la faire voir toute nue, la découvrit aux yeux perçans de la Renommée. Toute l'action de la journée de Oueffant fut foumife à fa curiofité, & bientôt elle en informa toutes les Nations. Cependant, malgré fon rapport fidelle, l'Angleterre ne pouvant plus fe vanter d'une victoire remportée, fe flatta que la flotte de fon ennemi aurait été détruite fi l'Amiral Hugues Palifer avait obéi aux fignaux qui lui avaient été faits par Keppel de fe remettre en ligne pour renouveller le combat. Et pour donner de la vraifemblance à l'avantage prétendu qu'elle s'attribuait, elle s'imagina d'engager Keppel & Palifer dans un procès dont la fin n'éclaircit aucuns faits plus que les rapports douteux des deux parties en conteftation.

La France de fon côté, dans l'impoffibilité d^e prouver que fa flotte avait remporté la victoire fur les Anglais, fe contenta de dire qu'elle avait mis leurs vaiffeaux hors d'état de continuer la campagne, & dans la néceffité de rentrer dans leurs ports fans fanaux & fans bruit; & le comte d'Orvil. jouant le

même

I

même rôle que Keppel, affura que la victoire ne lui était échappée que par la faute du duc de Ch..s qu'il accufa fans aucun égard, ne n'avoir pas répon-du aux fignaux qui lui avaient été faits, d'avoir évité le combat dans un tems utile, & d'avoir, par de fauffes manœuvres, & en ne gardant pas l'ordre de bataille, empêché une partie de la flotte Fran-çaife de combattre avec avantage, parce qu'elle était, dans le fort de l'action, occupée à le met-tre à couvert du feu de l'ennemi, qui, fans la réfolution & la valeur de fes équipages, eût coulé à fond, ou pris le St. Efprit & fon illuftre Com̄mandant.

Ce fut d'après ces plaintes & ces éclairciffemens que le peuple revenu de fon enthoufiafme vit les chofes bien différentes de ce qu'un premier rap-port, & un premier coup d'œil lui avaient offert. La confternation & le découragement fuccédèrent aux cris de la victoire; les brocards, les couplets, les épigrammes fuccédèrent également aux louan-ges & aux triomphes prématurés; le Héros difpa-rut, & l'on ne vit plus qu'une ombre trifte re-venir conftamment à l'Opéra.

Quoiqu'il

Quoiqu'il en soit, en suppofant que l'accufation de M. d'Orvil. contre le duc de Ch...s paraiffe fondée, elle n'eft cependant pas jufte ; il eft vraiment exempt du blâme dont on cherche à le couvrir : les feuls coupables font les officiers commandans fous fon Alt. Leur expérience confommée devait fuppléer à celle qui lui manquait ; leur courage devait féconder fon ardeur ; la prudence ne devait pas errer par déférence pour ce Prince peut-être trop hafardeux. Nous ne pouvons nous empêcher de dire ici que la conduite de fon Alt. Sér. , dans toute cette affaire, où il était abfolument neûtre , ne méritait en général ni eloges ni reproches.

Cette difgrace l'humilia d'autant plus fenfiblement, qu'elle lui fit perdre tout à la fois l'efpoir de devenir bientôt Grand-Amiral , & le goût de retourner en mer.

Cependant pour ne das refter dans l'inaction, le duc de Ch...s demanda & obtint la charge de Colonel général des Huffards & troupes légeres. Ce commandement lui convenait d'autant mieux, qu'il eft habile écuyer, & qu'il aime paffionément les chevaux. Il ne tarda pas à aller à la tête de fon corps,

&

& à force de le faire manœuvrer, il y prit ce goût décidé pour les beaux chevaux & les courses, qui depuis quelques années font devenues pour lui un amufement très-lucratif, & pour les oififs de la Capitale un fpectacle affez mauffade.

Ces courfes cependant n'empêcherent pas le Prince de revoir de tems en tems fes anciennes connaiffances de l'Opéra & autres ; il y eut eu de l'inconftance de fa part, & même de l'ingratitude, car toutes les filles l'avaient loué à l'envie l'une de l'autre, & avaient témoigné la joie la plus vive & la plus fincere de fon triomphe ; au point même que l'on aurait cru, en voyant leur délire, qu'elles partageaient la gloire du héros dont elles avaient, au paravant fa victoire, partagé les plaifirs.

Mais revenons anx courfes : quelques perfonnes prétendent que ce ne fut ni fa nouvelle Charge, ni les manœuvres des huffards & troupes légeres qui développèrent en lui le germe de fa nouvelle paffion ; c'eft-à-dire de cette paffion pour les chevaux & les courfes : elles prétendent au contraire que ce développement fingulier fut l'effet de la fumée du feu des vaiffeaux Anglais dans le combat d'Oueffant.

fant : c'eft ainfi, affurent ces Meffieurs, que de fim-
ples vapeurs infeétées & empoifonnées, forties du
fein de la terre dans un pays, volent au loin éten-
dent leurs ravages, & donnent la mort à quiconque les refpirent. C'eft ainfi, continuent-ils, que
dans la Bithinie le vent de nord fait fa cour aux
belles jumens, les careffe, & qu'elles font emplies
fans autre fecour que celui de fon fouffle. C'eft ainfi, enfin que . . . . mais voilà affez d'autorités pour
faire croire au moins que l'idée de ces Meffieurs
peut être fondée fur quelque vérité ; pour nous,
nous ne fommes pas affez grands Phyficiens pour
ofer porter notre jugemeut fur une matiere auffi
peu connue.

Quoiqu'il en foit fon Alt. Sér., poffédé de la
manie Anglaife, commença à faire venir de Londres, tous les linges, habits & hardes à l'ufages de
fon corps, des voitures, des chevaux, des jocqueis,
& s'amufa fouvent d'une maniere délicieufe, dans
l'incognito le plus grand, fous la forme d'un pal-
frenier.

Ce fût lui qui apporta, par fon exemple, nonfeulement les modes des Anglais, mais encore leurs

manieres

manieres, & fur-tout celles qui font leurs caracté-
riftiques reconnus par toutes les Nations de l'Europe.

C'eft également à fon Alt. Sér. que nous devons
l'ufage nouvellement adoptés par les honnêtes femmes, les femmes entretenues & les fats, jeunes [ou,
vieux, d'avoir jour & nuit à leur fuite pour mer-
cure, pour adonis ou pour ganimède, de jeunes po-
liffons ramaffés dans les bouës de Paris, vêtus &
coëffés à l'Anglaife.

Il ne faut pas confondre les jocqueis, dont nous
venons de parler, avec ceux que le duc de Ch..s fit
venir de Londres pour monter fes chevaux de courfe. Ceux-ci n'étaient point empruntés, ni trouvés;
ils étaient payés comme gens qui favaient leur mé-
tier, & fur lefquels on pouvait faire fond en partageant avec eux, comme de raifon, le bénéfice
du commerce.

La critique a encore trouvé à dire à cet amufé-
ment du duc de Ch...s. Mais les perfonnes qui n'ont
contre fon Alt. Sér. aucun préjugé defagréable, ne
peuvent s'empêcher de l'admirer & de le louer de
ce qu'il joint toujours, même dans fes amufemens,
l'utile à l'agréable.

Nous

Nous ne comparerons pas les courſes, dont nous avons parlé ci-deſſus, avec ces courſes ſi fameuſes dans la Grèce & à Rome ; dans leſquelles les Dictateurs, dans des chars de triomphe, s'efforçaient de ſe ſurpaſſer eux-mêmes, pour faire connaître aux peuples leur valeur, leur force & leur adreſſe ; & dans leſquelles deployant, à ces mêmes peuples, toute leur pompe & leur magnificence, ils leur imprimaient le reſpect & l'obéiſſance. Deux mots ſeuls ſuffiront pour faire voir que la comparaiſon ſerait choquante.

Des jocqueis Anglais ſont les héros qui ſe diſputent la palme d'avoir le cheval le plus leger ou le plus heureux ; voilà en quoi conſiſtent les courſes d'aujourd'hui.

C'eſt donc par le moyen des jocqueis & des chevaux Anglais, que les Princes ſe diſputent l'avantage de gagner les gajures cónſidérables qui ſe font entr'eux, & dont le prix eſt accordé ſeulement à l'habileté des jocqueis & à la ſoupleſſe des jarets des courſiers.

Le haſard qui ſervit toujours le duc de Ch...s à ſouhait, ne ceſſe de le favoriſer encore dans ces

courſes ;

courſes : il eſt rare qu'il y perde ; & il gagne fréquemment des ſommes conſiderables. Le comte
d'Art... l'éprouva à ſes dépens ; un jour ce Prince
ayant prié le Roi de s'intéreſſer avec lu. dans un
pari fait avec le duc de Ch...s ; Sa Majeſte lui répondit en ces termes : j'y riſquerai volontiers un petit
écu. Leçon charmante que faiſait le Roi à ſon freie
de ne plus s'expoſer à des pertes preſque certaines

Le Libel infâme que nous avons ſous les yeux, &
auquel nous engageons nos lecteurs chrétiens de n'a-
jouter aucune foi, prétend que la fraude avait plus
de part que toute autre choſe dans les ſuccès du
duc de Ch...s aux courſes. Il faiſait, dit-il, propo-
ſer en ſous-main, à une perſonne, des paris ine-
gaux dans leſquels il s'intéreſſait d'un dixieme, tandis qu'il était de moitié dans le parti contraire.

Mais en ſuppoſant même que cette allégation
fut vraie, le duc de Ch...s ne ſerait pas plus condamnable que les autres Princes ou Princeſſes qui
trichent habituellement au jeu. Si les uns trompent
pour gagner dans leurs amuſemens, & y trompent
impunément ; pourquoi cet avantage ſerait-il refu-
ſé à ſon Alt. Sér. ? Cela ſerait auſſi injnſte que ſi l'on
faiſai

faifait un crime aux grands Seigneurs de fe trom-
per tous les jours, réciproquement, dans le commerce qu'ils font actuellement de leurs chevaux &
de leurs voitures. Tout le monde fait qu'il y aurait
de la ftupidité à fe faire le plus léger fcrupule de
manquer à la bonne foi dans ces fortes de marchés.

Tandis que le duc de Ch...s s'amufait ainfi aux
courfes des chevaux anglais, dont il fortait prefque
toujours victorieux ; il ne s'occupait pas moins fé-
rieufement de l'exécution de fon nouveau Palais-
royal : il en avait cependant remis le foin principal
à un certain fieur Seguin, homme tout dévoué à
fon Alt. Sér. , qu'il fervait avec zéle de tout fon
pouvoir. Il était forti de fa province pour certain
démêlé férieux qu'il avait eu avec un Lieutenant-
criminel ; il y avait quelque tems qu'il battait le
pavé de Paris, fur lequel il végettait à peine, lorfque la fortune, fatiguée de le maltraiter, le mit
fous les yeux du Général des huffards, qui l'employa d'abord à la découverte des objets qui pour-
raient contribuer à fes plaifirs. Cette charge ayant
approché Séguin de la perfonne du Prince, &
l'ayant même rendu affez familier, il confeilla à

fon

fon Alt. Sér. de demander au Confeil, des Lettres-
Patentes qui l'autorifaffent à percer & former trois
rues fur le terrein du Palais-royal : il ne fe contenta pas d'en préfenter un plan magnifique au Prince,
mais il lui donna en même tems l'état du bénéfice immenfe qui en réfulterait pour fon Alt., qui
ne manqua pas, en homme prudent, de l'approu-
ver, de l'agréer & d'en ordonner la plus prompte
exécution.

Le Public pour lors, ainfi que nous l'avons déja dit, fit des plaintes amères, mais inutiles, contre
une telle entreprife; il fortait mille farcafmes, mille
injures, mille imprécations de deffous les racines
de chaque arbre qui était arraché. Le fameux arbre de Cracovie fit verfer, dans fa chûte, les larmes de cent & cent vieux radoteurs; fa deftruc-
tion fut annoncée dans les Journeaux; & les plus
mauvais burains de la Capitale ont été employés
à faire gémir le cuivre pour en perpétuer le fouvenir à la poftérité la plus reculée.

Mais le Tems qui verfe le beaume le plus doux
fur les bleffures que les regrets & la douleur font
fur les cœurs des hommes, commence à tranquil-
lifer

lifer l'efprit du Public, qui voit avec plaifir & étonnement un petit jardin déjà formé, dans lequel il jouira, dans une vingtaine d'années, d'un ombrage agréable : en attendant il pourra prendre le frais fous les portiques qui reignent à l'entour, & s'y mettre à l'abri des injures du tems : fon œil eft déjà flatté par la majefté de tout l'édifice, mais particulierement par fon couronement, dont on ne vit jamais le pareil que fur de grands magafins. Une perfonne de notre Société, qui s'y promenait il y a environ trois mois, nous dit avoir entendu un admirateur dire à un homme diftingué, qui lui demandait fon fentiment fur cet édifice ; qu'il était d'autant plus admirable à fes yeux, qu'il lui femblait voir une nouvelle république compofée de gens de l'efpèce des premiers Romains, auxquels l'enlèvement des femmes du voifinage ferait cependant inutile, parce qu'il y entrerait vraifemblablement plus de put... que de héros : qu'à l'égard des ornemens, il les trouvait très-refpectables, puifque c'était des fleurs-de-lys, des branches de chêne, de laurier, d'olivier & des attributs de Mars : mais qu'il aurait préféré d'y voir, relativement aux ha-

bitans

bitans qui en occuperaient les logemens, des attributs de la Vénus proftituée, & fur-tout des couronnes allégoriques à l'imitation de celle fous laquelle on repréfente Céfar, & qui aulieu d'être de
feuilles ou de branches de lauriers, &c. était formée de c . . . attachées les uns aux autres par leurs
p . . . ., ce qui devait donner à cet Empereur un air
tout-à-fait refpectable.

Pour nous qui ne fommes pas difficiles, nous
trouvons que le nouveau Palais-royal, tout léger
tout joli, peut bien refter tel qu'il eft, & que le
Public doit s'en contenter pour le prix qu'il lui
coûte : & que ce même Public a eu grand tort de
fe déchaîner, comme il a fait, contre fon Alt Sér.
pour quelques vieux arbres, dont grand nombre
périffait chaque année.

On aurait peine à croire jufqu'où fut pouffée l'i-
nimitié publique, & combien le duc de Ch...s
éprouva de défagrément, non mérités, à ce fujet :
nous allons en citer un qui ne fut pas le plus léger.

Le Roi s'entretenant un jour, avec le duc de
Ch...s, d'une comédie intitulée le Roi de Cocagne,

qui

qui fe jouait alors à la Comédie Françaife, & qui faifait courir tout Paris, Sa Majefté lui dit : ce Roi de Cocagne fait bien des folies; mais je fuis perfuadé, M. le Duc, que, malgré fes extravagances, vous ne fauriez lui refufer de la prudence. En quoi donc, Sire, répondit fon Alt. Sér. ? c'eft, répliqua Sa Majefté, qu'il ne fait point bâtir de rues dans fon jardin. On dit que depuis ce tems-là le fobriquet de PRINCE DES RUES lui eft refté.

La duchefle de Ch...s elle-même fit tous fes efforts pour perfuader à fon époux d'abandonner fon entreprife. Que penfera-t'on? Que dira-t-on de votre Alt. ? lui difait-elle avec toute la douceur qui la caractérife; je m'en f.., lui répondit le duc de Ch...s avec énergie : un écu dans ma poche vaut mieux pour moi, que toute l'eftime publique. Sentiment vraiment philofophique & chrétien! Qu'eft-ce donc que toute la gloire de ce monde? aux yeux du fage & du grand homme, ce n'eft qu'une fumée que le même inftant voit naître & difparaître. D'ailleurs chacun a fes inclinations & fes plaifirs : l'un méprife ce que l'autre eftime, & l'un & l'autre croyent avoir raifon.

Ce qu'on fe permit pour lors de plus hardi contre

tre ce Prince, fut un placard qu'on afficha au haut du grand escalier du Palais, dans lequel on lui donnait l'idée d'ouvrir une souscription qui lui fournirait l'argent nécessaire pour bâtir les rues projettées; & on lui assurait que si chaque personne, dont il était méprisé, fournissait seulement un écu, il aurait encore de quoi bâtir même une ville considérable. Le duc de C...s eut la grandeur d'ame de mépriser ces injures hyberboliques, & de n'y répondre que par un je m'en f..., & il eut raison.

Ce fut sans doute à cette occasion que l'Auteur du fameux Noël déjà cité, composa, sur son Alt. Sér., le couplet suivant :

> En calculant d'avance
> son nouveau bâtiment,
> Ch...s en diligence
> arriva dans l'instant :
> de ma Société, dit-il, je me contente.
> Je fais bâtir un bel hôtel,
> d'un jardin j'ai fait un bord...,
> je suis - là dans mon centre.

Cependant un accident imprévu suspendit les occupations & les plaisirs du duc de Ch... Il tomba malade pendant le tems même d'une des couches de la Duchesse son épouse. La duchesse de Bourbon

fa sœur, qui eft devenue fi intéreffante par fes in-
fortunes, accourut au fecours de fon frère; chaque
jour, dès les fept heures du matin, elle était au
chevet de fon lit, & ne le quittait que bien avant
dans la nuit. La nature enfin, fécondée par les foins
de cette Princeffe, permit que les jours du Prince
fuffent prolongés; c'était fans doute pour lui donner le tems de témoigner à fon illuftre & tendre
fœur, toute fa reconnaiffance; mais pour le favori-
fer encore davantage, le hafard lui en fournit la
plus fuperbe occafion dans l'évènement que nous
allons rapporter.

Le jour du mardi-gras de cette même année
1778, fi fameufe pour le duc de Ch…, fe paffa
cette fcène qu'on aurait peine à croire, fi elle n'é-
tait atteftée par plus de mille témoins oculaires qui
étaient au bal de l'Opéra, lieu où la ducheffe de
Bourb. effuya cette difgrace fanglante.

Il eft bon d'abord, pour l'intelligence du fait,
de favoir que le prince de Bourb. était devenu
très-amoureux d'une certaine Mad. de Canillac,
qui était attachée à la Ducheffe lors de fon mariage
avec le duc de Bourb… La Princeff e témoigna à la

dame

dame de Canillac son mécontentement avec toute la modération possible : mais malgré tous ses ménagemens, ladite dame fut forcée de se retirer. Pendant cette espèce d'exil, elle eut l'art de plaire au comte d'Art. , & comme elle était souvent de ses parties de plaisirs nocturnes, il lui donnait justement la main au bal où il était entré masqué. Cette femme, qui savait que ce Prince avait la tête échauffée de vin, & qu'en cet état il lui accorderait ce qu'elle lui demanderait, lui fit connaître la duchesse de Bourb. , & lui fit sentir que si elle pouvait se venger de l'affront qu'elle avait reçu de cette Princesse, sa satisfaction serait parfaite, & son triomphe des plus glorieux. Au même instant son Alt. Royale faisant semblant de prendre la Duchesse pour une des filles qui font l'ornement de ce bal, passa, en peu d'instans, des propos libres aux insultes les plus outrageantes. La Duchesse, qui d'abord n'avait fait que rire, murmura, se fâcha, devint furieuse, & ne sachant pas quel était le masque qui se permettait tant d'effronterie, elle se précipita sur lui, leva la barbe du masque, & de suite reconnut le comte d'Art. ; mais elle jugea à

propos

propos de feindre, le Comte au contraire échauffé
par le vin, l'amour & la colere, prit le mafque de
laDucheffe, à deux mains, & le lui écrafa fur le vifage. D'autres perfonnes qui aiment à fimplifier les
relations, difent que le comte d'Art... fe contenta
de porter un violent foufflet fur le mafque de la
Ducheffe, ce qui effectivement peut l'avoir écrafé
fur la joue de cette princeffe. Quoiqu'il en foit le
mafque fut gâté; mais la Ducheffe n'en eût jamais
fait la moindre plainte, fi fon Alt. Royale ne s'en
fût pas vanté comme une action dignes d'eloges. La
Maifon de Condé, qui ne confond pas les fottifes
avec les exploits, en fut inftruite & indignée : les
Princes en demanderent fatisfaction au Roi ; & fur
ce que Sa Majefté répondit feulement que fon frere
était un étourdi, fans ordonner aucune réparation,
la ducheffe de Bourb. fe décida à ne plus fortir ; &
le Prince fon époux, quoique féparé d'avec elle,
remit à M. de M...pas un Mémoire adreffé au Roi,
& y ajouta verbalement, que fi le Roi ne jugeait
pas à propos d'ordonner à fon frere de faire une
réparation, il regarderait ce refus, de la part de
Sa Majefté, comme une permiffion tacite d'en pren-

L   dre

dre lui - même une entiere fatisfaction.

Cette anecdote paraîtra étrangere à notre fujet à quiconque ne faura pas que la ducheffe de Bourb. étant de la Maifon d'Orl. , & propre fœur du duc de Ch...s, que nous deffendons, devait auffi, naturellement élever les voix & les armes de toute fa famille, & fur-tout de fon frere. Auffi fes enne- mis n'ont-ils pas manqué de lui faire un crime de ce qu'il avait délaiffé fa fœur, à laquelle il devait la vie, en proie au chagrin dont elle était accablée; de ce qu'il ne s'était pas déclaré fon Chevalier, & de ce qu'il n'avait pas eu le courage de laver l'in- jure faite à cette Princeffe, dans le fang du cou- pable. Mais plufieurs excellentes raifons juftifient la prudente inaction du Prince : I° il relevait de- puis peu d'une maladie dangéreufe qui l'avait beau- coup affaibli; il eut donc été de la derniere folie de préfenter en ce trifte état, la lance ou l'épée à un homme plein de fanté & de vigueur. 2°. Quoi- que le prince de Bourb. ne fut pas bien avec fa femme, il était de droit fon premier champion, & le duc de Ch...s n'avait aucun titre pour lui difputer cet avantage. Troifiémement, enfin, fon Alt. Sér

ne

ne trouvait aucun avantage réel dans la dure alter-
native ou de se faire percer le ventre par le comte
d'Art., ou de percer celui de ce Prince : dans le
premier cas, sa propre mort n'était pas ce qu'il crai-
gnait davantage, c'était les larmes & les regrets qui
auraient accompagné ses tristes restes au tombeau.
Dans le second, il devenait l'homicide d'un Prince
aimé du peuple Français, & qui méritera sans doute
son estime, & alors il perdait un ami précieux &
un fidel compagnon de plaisirs & d'erreurs. Bien
plus, une question, à laquelle il n'est pas facile de
répondre, embarassait beaucoup son jugement &
sa conscience, & conséquemment le tenait en suspens
lorsque la résolution du duc de Bourb. l'en délivra
fort heureusement. A qui doi-je prêter l'oreille par
préférence, se demandait le duc de Ch....s , est-ce
aux principes de la Religion , d'accord avec les
loix de la Nature, & celles de mon Roi , ou aux
follicitations d'un vain préjugé, d'un être imagi-
naire appellé honneur, qui n'a pour soutient
qu'un usage barbare que presque tous les hommes
raisonnables condamnent ? Ce fut fort à propos,
comme nous venons de le dire , que le duc de
Bourb.

Bourbon prévînt la décifion de fon Alt. Sér., &
le delivra par-là d'un grand danger ; car, encore
une fois, tel parti qu'il eût pris, il eut été loué
par les uns, & condamné par les autres.

Les paroles cathégoriques que le duc de Bourb
avait proférées en remettant, comme nous l'avons
dit plus haut, fon Mémoire adreffé au Roi, entre
les mains de M. de Maurep., engagerent le Roi
à ordonner à un des Capitaines des Gardes du
comte d'Art. de ne pas le quitter de vue. Ce Prince avait eu le tems de fentir fon tort, & par
forme de réparation, il avait confenti à déclarer,
en préfence de toute la Famille Royale, & des
Princes, qu'il n'avait jamais eu l'intention d'inful-
ter la ducheffe de Bourb. : & qu'il ne l'avait pas
connue au bal. Mais cette fatisfaction n'étant point
fuffifante à l'égard du duc de Bourb., il fit connaître formellement au comte d'Art. fon mécontentement, & l'intention où il était d'en avoir raifon. En conféquence, les deux Princes fe rendirent
au bois de Boulogne , mirent habits bas, fe bat-
tirent pendant environ fix minutes, avec une
adreffe, une force & une intelligence abfolument
égale,

égale, puisqu'il n'y eut pas une goûte de fang de répandue de part ni d'autre, fe féparerent, puis s'embraffcrent, puis s'habillerent. Pendant ce combat fingulier, le duc de Ch...s, qui vraifemblablement n'en était pas inftruit, quoiqu'il y eut dans le bois de Boulogne, une infinité de gens qui regardaient de loin, traçait fort tranquillement, dans la plaine des Sablons, une courfe de chevaux; le hafard voulut auffi qu'au même inftant, un exprès vînt lui annoncer qu'on l'attendait à une répétition de comédie que faifait le duc d'Orl. avec Md. de Mont. C'était ainfi que le fameux Mathématicien Archimède, de Syracufes, prenait un plaifir fi vif dans l'étude de la Géométrie, qu'il en oubliait même le boire & le manger. Sa Patrie étant affiégée, il s'occupait fi peu des dangers auxquels il était expofé, & des actions des ennemis ; qu'il s'amufait, comme le duc de Ch...s, à traçer quelque figure de Géométrie fur le fable, quand un foldat le mit à mort fans le connaître, quoiqu'on lui eût bien deffendu de faire aucune injure a ce grand homme. Mais M. Marcellinus, qui commandait les affiégeans, avait oublié de donner à chacun d'eux le portrait, ou au moins le fignale-

ment

lement du pauvre Archiméde, ce qui fut cauſe qu'il fut tué, & que ſon meurtrier fut banni à perpétuité par le judicieux Marcellinus. Mais revenons à notre hiſtoire, & faiſons connaître une nouvelle injuſtice de la part des Pariſiens à l'égard du duc de Ch...s.

Mad. la ducheſſe de Bourb., bien dédommagée de l'affront qu'elle avait reçu, par toutes ces ſatisfactions d'éclat, ſortit de ſa retraite, & reparut dans le monde. La premiere fois qu'on la revit à la Comédie Françaiſe, le ſpectacle & les ſpectateurs lui témoignerent tant d'affection par de forts & longs battemens de mains, qu'elle en verſa, dit-on, des larmes d'attendriſſement. La Reine vint le même jour au même ſpectacle, quelques minutes après, mais les mains déjà fatiguées ne lui accorderent que de faibles applaudiſſemens; d'ailleurs il ne lui était arrivée aucune aventure..... Le duc de Bourb. & le prince de Cond. parurent à leur tour, & dès qu'ils furent placés derriere Md. la ducheſſe de Bourb., les battemens de mains accompagnerent les Bravo, Braviſſimo, Monſieur vint enſuite, n'exita pas grand bruit; M. le comte d'Art.

ne

ne fit que glaner. Tout cela certainement n'avait rien de commun avec le duc de Ch...s, puisqu'il ne s'était trouvé ni à la dispute, ni à la satisfaction, ni au combat, ni au spectacle, ni aux applaudissemens, & cependant on le fait figurer dans quatre méchans vers satyrique, où l'on caractérise les principaux personnages de cette scene romanesque:

> Bourb. se tait & se lamente:
> L'Epoux menace & se présente;
> D'Art. se vante & puis mollit:
> D. Ch...s rit puis s'avilit.

Voila comme son Alt. Sér. est blâmée sans raison par le public qui lui suppose pour mobile unique, une ambition démésurée, & une soif insatiable des richesses. Nous allons voir à combien de calomnies indignes ce malheureux préjugé à donné lieu.

Lors de l'incendie terrible de l'Opéra, qui menaça le Palais-royal, & toutes les rues adjacentes, d'un embrâsement universel; le duc de Ch...s, à ce que disent ses ennemis, ne s'occupa que du soin de sauver son or, ses bijoux, ses effets précieux, &c. &c. Rassuré des craintes, dont son ame avait

été

été la proie, & voyant que le feu ceffait de dé-
vorer la partie de fon palais, qu'il avait entammée,
il contemplait le feu, étant appuyé fur la fenêtre
d'un marchand de la rue faint Honorée, chez qui
il s'était réfugié : là, dit-on, il fe permit de dire
que cette incendie formait un fuberbe tableau, &
quelqu'un répondit, d'une voix très-intelligible, &
qui parvînt à fes oreilles: oui ce ferait un très-beau
feu de joie fi tu étais au milieu.

Quant à nous, dont le vœu eft de dire la vérité, nous ne trouvons rien d'étrange en ce que fon
Alt. Sér. penfait à fauver ce qui lui appartenait ; il
faut être vraiment acharné contre un homme, pour
lui faire un crime du fentiment le plus naturel,
après celui de la confervation de fa perfonne. A
l'égard du propos de fon Alt. Sér., dont on lui fait
un reproche injufte, & une imprécation horrible;
il faut encore avoir contre un homme une bien
grande inimitie pour donner à des expreffions in-
nocentes, une interprétation fi criminelle. Ou pouvait fuppofer que le cœur du duc de Ch... était fenfible autant qu'un autre aux malheurs des victimes
de cet affreux évènement; mais en même tems on

doit

doit convenir que cet évènement dans toute son horreur offrait un superbe tableau; & il a effecti-vement donné lieu à d'excellens tableaux qui re-présentent sous differents points de vues les super-bes horreurs de cet incendie.

Un sot plaisant qui se trouvait dans la foule de-vait être encore plus insensible qu'on suppose que ne le fut le duc de Ch...s, lorsque voyant la même scène, il dit en appercevant son Alt. Sér., les Anglais n'auront pas bon tems à l'avenir, car Mon-seigneur s'accoûtume au feu.

On assure aussi que le Chevalier Dubois, Com-mandant du Guet, remit au Prince un billet ca-cheté, qu'il avait trouvé dans les décombres, & conçu en ces termes : tu ne t'en f..... pas longtems, tu feras grillé toi & ton Palais-royal. Si cette anec-dote est vraie, ce Commandant, à notre avis, eut grand tord de faire voir ce billet à son Alt. Sér. & celui-ci eut grande raison de continuer à se f..... de pareilles menaces, qui, pour l'ordinaire sont faites par des poltrons incapables de rien executer. La réponse du Prince fut, à ce qu'on prétend très-énergique; allez vous faire f...., dit-il au Chevalier, vous & tous les faiseurs de billets, je vous donnerais tous pour une toife de ce qui eft brûlé de mon efcalier , qu'il faudra que je faffe raccommoder à mes dépens.

On réproche encore au duc de Ch....s d'avoir cherché à augmenter fa fortune par l'établiffement de jeux de hafard , dans le Palais-royal ; ce qu'il exécuta en effet, parce que fon Palais eft un fanctuaire où les yeux furveillans de la Police , ne peuvent ni furveiller , ni exercer leur autorité. Mais encore en ceci , fon Alt. Sér. ne fuivait que l'exemple des premiers du Royaume, en ce fiecle où la domination impérieufe & tyrannique de fots préjugés, fait croire que la grandeur & la nobleffe ne font point avilies de chercher à fe procurer les fruits honteux , & les produits criminels des jeux clandeftins & des duperies que le dernier des intriguans de la Suiffe , ou des environs de Lyon , peut fe permette. Le peuple à dire vrai, n'eut pas tout-à-fait tort de trouver en cette circonftance la conduite du duc dé Ch...s indigné d'un rejetton d'une Maifon iffue de la Branche la plus illuftre de France.

Le duc de Ch...s devait en effet être très-fatisfait

de

de voir la réuffite de cette nouvelle entreprife, que le produit de fes diverfes banques paraiffait devoir fubvenir aux frais de la conftruction de fa fomptueufe écurie, de fa petite maifon de Mouffeaux, & de fes autres bâtimens, qui avaient déjà beaucoup amaigri fon tréfor, & dérangé fes finances, malgré l'ordre & l'œconomie qu'il y obfervait.

Pour ne pas manquer à la réuffite qu'il s'était propofée, il choifit, pour préfider à fes jeux de hafards, des banquiers de la probité defquels il était certain. Mais malgré qu'il eût pris les meilleures mefures, dont fa prudence fut capable, il eut la difgrace de voir non feulement l'autorité fupérieure s'élever contre fon établiffement, mais encore fon pere même, que l'on aurait cru très-indifférent, demander que les coquins qui prêtaient les mains à ces jeux, ce font ces propres termes & conclufions, fuffent arrêtés fur le champ, fouettés, marqués & conduits aux galeres; il offrit même, pour encourager les pourfuites contre eux, de les faire conduire à fes frais, dans cet afile ordinaire des filoux.

L'imagination féconde de fon Alt. Sér. fuppléa bientôt, à ce qu'on dit, au deffaut de cette puiffante reffource, par un moyen tout extraordinaire puifé dans une fource prefqu'inconnue. En voici le rapport.

A la mort du *Général des Capucins*, du comte de *Clermond*; les Loges de la Franche-Maçonnerie de France fe trouverent plongées, non pas dans la douleur d'avoir perdu leur illuftre Grand-Maître, mais bien dans le plus grands embarras de le remplaçer : & il était effeſtivement très difficile de rencontrer autant d'ineptie jointe à la débauche la plus effrénée. Il eſt rare de trouver tant de prérogatives de cette efpèce, réunies fur-tout dans des Princes.

Cependant on jetta les yeux fûr le duc de *Ch...s*, & d'une voix unanime, il fût nommé Succeffeur du défunt Grand-Maître, & Proteſteur de cette Soſcieté ridicule qui enveloppe, de myftères abfurdes, une morale un peu moins pure que celle d'Epicure. Nous n'en dirons pas davantage fur cette matiere, pour deux raifons; la premiere c'eſt que des profanes ne font pas dignes d'entrer dans le temple; la feconde, c'eſt que nous fommes Apologiftes du duc de *Ch...s*, & que tout ce qui n'a pas de rapport à fa conduite & à fa deffenfe nous éloigne de

notre

de notre but, qui n'eſt pas d'écrire pour faire imprimer, ni d'imprimer pour gagner de l'argent,
mais notre premier deſſein rempli, nous voulons en
paſſant, inſtruire & corriger les mœurs.

La très-fameuſe Loge de Mouſſeaux, pendant
que la Grande-Maîtriſe fut vacante, était la plus
conſéquente du Grand-Orient : elle n'était compoſée que de ce qu'il y a de plus aimables libertins en
France : la jeuneſſe la plus noble, la plus folle &
la plus diſſolue du Royaume s'y aſſemblait régulié-
ment.

Tout le monde ne ſait pas qu'après la tenue du
travail, par une fermeture de loge la plus ſinguliè-
rement imaginée, le Grand-Maître permet aux
membres de la Société de ſe livrer à la gaieté ;
mais nos lecteurs, qui à préſent ſont inſtruits de
cette particularité, ſe formeront ſans doute l'idée
la plus agréable de celle du duc de Ch...s dans ces
circonſtances, que des plaiſirs qu'il goûtait, non pas
comme on a voulu l'inſinuer, à l'uſage Oriental,
mais ſeulement les jours de tenue de femmes, ſans
leſquelles ce très-reſpectable Maître ne pouvait, di-
ſait-il, travailler. Et quel crime y aurait-il pour

des

des diſciples de Salomon, d'être tombés dans les erreurs & les faibleſſes de ce Roi ſage, en voulant
mettre en pratique ſes principes vertueux ?

Au faubourg ſaint-Antoine, eſt une maiſon im-
menſe connue ſous le nom de la Folie-Titon. Ce
fut en cet endroit que le duc de Ch...s fut procla-
mé Grand-Maître, avec toutes les cérémonies ex-
travagantes accoûtumées, & toutes les adulations &
les fadaiſes ordinaires & extraordinaires en pareilles
cérémonies. Le duc de Luxemb., alors Adminiſ-
trateur général de l'Ordre, ſe promit, & ſe vanta,
d'en tirer de grands avantages, malgré la modicité
des préſens que le nouveau Grand - Maître avait
faits à l'Ordre, & que ce fut au dépens des loges
réunies que ſe fit cette grande fête.

Il ſerait difficile peut-être de juger, ſans en avoir
fait l'expérience, quelle eſt la plus agréable, & la
plus digne de l'ambition d'un grand homme, de
ces deux Charges, celle de Grand-Amiral de France, ou celle de Grand-Maître de la Franche-Maçonnerie : nous ne prononcerons point ſur cette
queſtion ; mais nous dirons que le duc de Ch...s ſe
crut bien dédommagé d'être privé de la première ;

des

dès qu'il fut pourvu de la derniere. Déchargé d'un fardeau qu'il aurait eu bien du mal à soutenir, malgré le fecours de quelques milliers de fubalternes, il ne s'occupa qu'à recevoir à l'Anglaife, dans la loge de Mouffeaux; & n'ayant aucun ennemi à épouvanter, il s'en confolait & nourriffait fon humeur martiale en faifant des frayeurs fi terribles aux dindons Récipiendaires, que plufieurs d'entre eux commirent de fi grandes incongruités que la Loge entiere s'en plaignit plus d'une fois, & fut mife en fuite, au milieu du travail, par les vapeurs défagréables, ou le gaze méphitique, qui faififfait cruellement leurs organes de la refpiration. Quoiqu'on en dife, cette Charge avait coûté chere au duc de Ch...s, & depuis longtems elle ne lui avait procuré que quelques fcènes rifibles, lorfqu'il conçut l'idée de s'en démettre avec avantage ; mais il fallait bien couvrir fes démarches pour réuffir à en avoir bonne finance.

D'abord il lui parut néceffaire d'affocier fon cher coufin, le comte d'Art., amateur des grandes aventures, au Corps dont il était devenu Grand-Maître. Le Comte y aurait confenti dès la pre-

mière

miere propofition, s'il n'en eut craint la publicité
& le défaveu du Roi. Ces fcrupules furent aifément lévés, & le comte d'Art. augmenta le nombre des dupes de la loge de Mouffeaux. Sa réception
fut ignorée pendant quelque tems à la Cour; mais
bientôt elle tranfpira, & prêta à rire au Roi, qui
lui dit en plaifantant, que la France devait fe fé-
liciter de voir fes Princes chercher à s'inftruire.
Dès lors il n'y eut plus rien à ménager; l'agrega-
tion du Comte fut publiée, & fon nom & la date
de cette mémorable journée furent folemnellement
infcrits fur les régiftres du Grand Orient. On dit
que cette cérémon e coûta beaucoup d'argent au
comte d'Artois. Mais cet article ne ferait pas de
notre reffort, fi le duc de Ch...s ne jouait pas un
rôle effentiel dans cette fcène.

Ce fut dans le Wauxhall qu'occupait autrefois
Torré, que fe raffemblerent tous les invités pour
procéder à la folemnelle reconnaiffance du nouveau
frere. Il n'en couta à fon Alt. que 32000 liv., dont
20000 furent employés aux frais de la fête; le refte
entra dans les coffres du Grand-Maître, qui, à ce
prix, fe démit généreufement, & par deférence

pour

pour le comte d'Art., son ami du titre de Grand-Maître, & des honneurs & prérogatives qui sont attachés à cette Charge essentielle.

On reconnaît encore à ce trait le bonheur & l'esprit qui accompagnent toutes les actions de son Alt. Sér.

E ce tems-là le duc de Ch...s, animé d'une passion assez ordinaire aux Anglais, que son Alt. Sér. s'efforce d'imiter, s'apperçut qu'un Prince tel que lui ne devait pas rester inactif dans les bornes étroites d'une Capitale, & même d'un Royaume ; qu'il devait au contraire porter tout à la fois sa renommée & sa présence, au moins dans les pays les plus beaux de l'Europe, & sur-tout dans ceux ou la Vo. lupté était la divinité favorite, à laquelle on élevait des temples & des autels. En vain voudrait on faire croire qu'il avait envie de promener le héros, & de se faire encencer dans les contrées où sa conduite passée eut été peu connue, ou un vrai mystère ; l'univers entier était alors informé de toutes les circonstances qui rendaient la journée d'Ouessant absolument neûtre pour les deux flottes opposées, & personnes n'ignorait plus le degré ou la mesure de

N   gloire

gloire qui était légitimement due aux Amiraux à qui les deux plus braves, & les plus respectables Nations de la terre avaient confiés leurs intérêts. Ce ne fut donc que la curiosité & le génie Anglais qui décida son Alt. Sér. dans l'adoption de ce nouveau genre de plaisir. D'ailleurs ce Prince voulut peut-être voir, par sa propre expérience, s'il se trouvait sur la terre un peuple qui prodiguât aujourd'hui les louanges sans savoir si elles étaient méritées, & qui y substituât demain les satires les plus amères sans être encore plus instruit. Il voulait voir par lui-même s'il se trouvait ailleurs qu'à Paris des mercénaires méprisables qui flattassent les faiblesses, & même les vices des Princes : & certes ce motif est digne de toutes sortes de louanges, sur-tout dans un homme qui, dans le sein de sa famille, peut remplir tous ses souhaits, sans s'inquiéter même de l'œil pénétrant de la critique.

Le Prince voulut commencer ses erreurs par l'Italie : la somme qu'il destina aux frais du voyage, ne diminua rien de celles destinées à des usages essentiels : elle était le produit des gageures que son Alt. Sér. avait gagnées par l'habileté de Parkner &

Adamson

Adamſon, ſes deux jocqueis, & du ſauteur & du vigilant ſes deux braves courſiers

Son départ une fois fixé , il en fit part à la Ducheſſe, ſon épouſe, qui n'apprit cette réſolution
qu'avec la plus vive douleur ; elle employa , mais
en vain , toute l'éloquence de l'affection la plus tendre : la fermeté du Prince y fut auſſi inflexible que
le fameux Uſſe le fut aux larmes de Pénélope.

Son Alt. Sér. alla enſuite à Verſailles , non ſeulement pour remplir une formalité d'uſage & de
devoir, mais encore pour ſavoir ſi l'Etat & le Roi
conſentiraient à l'abſence d'un Prince , tel que lui ,
qui pouvait être employé très-utilement à la gloire
& à l'avantage de l'un & de l'autre. Il s'y rendit
donc en diligence, s'inclina devant Sa Majeſté, &
lui baiſant reſpectueuſement la main , lui demanda la
permiſſion de s'abſenter pour quelque tems. Le Monarque le reçut aſſez froidement , & lui répondit à
peu-près en ces termes, après un moment de ſilence
& de réflexion : j'ai un Dauphin : Madame peut être
groſſe : M. le comte d'Art. a pluſieurs Princes : ...
vous pouvez faire ce que vous voudrez...., je ne
vois pas en quoi vous pouvez être utile à la Patrie

trie : ainſi partez quand vous voudrez, & que votre retour s'éxécute quand bon vous ſemblera.

Cette réponſe à parler ſincérement était conçue dans des termes trop complaiſans pour flatter l'amour-propre d'un Prince qui ſe croyait utile malgré ſon peu de ſuccès au combat d'Oueſſant. Mais le grand homme ſait ſupporter & mépriſer même les diſgraces les plus dures. Le duc de Ch...s retourna à Paris, très-peu affecté, fit les préparatifs de ſon voyage, & s'aſſocia pour compagnons le duc de Fitzj. & le trop fameux Prince Guém. Ce dernier comme on ſait, prit la liberté de faire une banqueroute frauduleuſe, par laquelle il ruina plus de ſix cens familles honnêtes qui ne ſe ſeraient jamais doutées, lorſqu'elles portèrent leurs fortunes dans les cofres de ce Prince, qu'il fut capable de pareilles baſſeſſes, ou qu'il put les commettre impunément.

Quelque tems avant ſon départ le duc de Ch...s, qui eſt aſſez amateur des originalités, inſtitua Md. la comteſſe de Genlis, non pas inſtitutrice, mais bien inſtituteur des princes ſes enfans. Quoique les écrits de cette Comteſſe reſſentent aſſez le mâle, ou au moins le genre neûtre, le chevalier de

Bonnd.

Bonnd , fous-gouverneur, ne trouva pas cette infti-
tution légale; à tous autres égards , & en toutes autres circonftances, il aurait fans doute cédé volontiers l'avantage à Md. de Genl., mais en celle-ci il
crut devoir donner fa démiffion , qui fut acceptée;
& Md. de Genl. refta Gouverneur des Princes ,
tandis que M. de la Har... eut l'emploi de fous-gou-
vernante en faveur des foins qu'il avait pris, à ce
que difent quelques méchantes langues, de compo-
fer & de corriger, fous les yeux & le nom de Md.
le Gouverneur des Princes , les petites Comédies
puériles attribuées à cette Dame par ledit fieur de
la Har. & fon imprimeur. Un plaifant s'avifa même
de parodier une épigramme faite à ce fujet contre
Md. de Genl. par la reponfe fuivante.

> Aujourd'hui prude, hier galante ;
> Tour à tour folle & docteur:
> Genl. , douce Gouvernante ,
> Deviendra dur Gouverneur;
> Mais toujours , femme charmante ,
> Saura remplir fon deftin :
> On peut bien être pédante
> Sans ceffer d'être Cat...

Le couplet fuivant, fait contre cette même Gouverneur, eft encore bien plus méchant :

Aux

Aux Princes, Genl. doit, dit-on,
du Reverſi donner leçon :
c'eſt de ſa politique,
Eh bien !
une fine rubrique :
vous m'entendez-bien.

Ces Elèves bientôt inſtruits,
s'amuſans les jours & les nuits,
pour peu que le jeu donne,
Eh bien !
le mettront à la Bonne,
Vous m'entendez-bien.

Mais ſortons bien vite de ces calomnies infâmes, & gardons le ſilence ſur toutes celles que l'envie de ſes ſemblables a vomie contre elle ; & paſſons rapidement au voyage du duc de Ch.

Son Alt. Sér. , ayant pourvu à l'éducation des Princes, fit à ſa tendre épouſe les adieux les plus touchans, & les promeſſes les plus fortes de lui être toujours fidéle, après quoi il partit pour l'Italie.

La Nation Françaiſe eſt compoſée, de même que toutes les autres, de deux claſſes d'hommes : la premiere renferme les gens occupés ; la ſeconde eſt formée des gens oiſifs. Les premiers attentifs à leurs intérêts, ne s'occupent d'aucun objet étranger : les

derniers ;

derniers, toujours pleins d'ennui, cherchent à allé-
ger ce défagréable fardeau par la curiofité qu'ils
nourriffent de tous les objets conféquens ou fri-
voles qui fe préfentent ; le fon des cloches, le
bruit du canon, les cris d'une femme, les aboye-
mens d'un chien le font fortir fubitement d'une efpèce de léthargie , & avant de s'être informé de la
caufe de fon réveil, fon imagination lui préfente la
pompe funèbre de quelque Potentat, la naiffance
d'un Prince, ou la nouvelle de quelque victoire ;
les débats comiques de quelque harengère, ou la
correction qu'un mari donne à fa femme; ou enfin,
des chiens qui s'entre mordent, ou qui viennent de
recevoir des coups : mais dès que ces grands évènemens ne fe fuccèdent pas avec rapidité, il faut né-
ceffairement que cette curiofité trouve une autre
nourriture. Chaque oifif, en cette cruelle circonftance, fe croit en droit de jetter les yeux fur la
conduite de fon prochain, & d'en porter fon jugement à fa fantaifie, & comme, en bon Chrétien, il
fe met de niveau avec tous les hommes , le Roi, le
Prince, le Docteur, le Financier, le Manan, le prochain enfin devient l'objet de fon unique occupation.

Voit-il

Voit-il les chofes fous un point de vue favorable ; fon plaifir eft extrême , une gaieté bruyante l'annonce, fes applaudiffemens d'éclats achèvent de peindre fa fatisfaction.

L'homme occupé eft au contraire prefqu'indifférent aux plus grands évènemens, fi leur intérêt & le bien public n'y font pas intéreffés : auffi font jugement moins précipité , eft-il conféquent; mais en général il ne jette jamais un œil curieux fur la conduite des Grands : peu lui importe, par exemple, qu'un duc de Ch...s exifte , ou qu'il n'exifte pas; qu'il agiffe bien ou mal à l'égard de fes maîtreffes; il n'eft pas plus touché des éloges outrés que ce Prince a reçus, que des calomnies dont il a été noirci ; & pour finir , en un mot, il ne fe foucie pas plus de notre Apologie, que le Kam des Tarne fe foucie de ce pauvre M. de Graffe , de trifte renommée.

D'après ce que nous venons de dire , peut - être hors de propos, il eft aifé de deviner dans quelle claffe de la Nation Françaife il faut chercher les détracteurs du duc de Ch...s. Mais il ne ferait pas auffi facile de deviner comment ils alimentèrent leur

noir

noire envie, leur perfide calomnie, leur haine injufte lorfque le Prince fut parti. Un bon Logicien
va nous dire que, certainement, la caufe n'exiftant
plus, les effets devaient également ceffer. Cependant tout le contraire arriva. On exécuta, pour
ainfi dire, ou plutôt on martirifa fa mémoire en ef-
figie ; & le lendemain de fon départ on trouva, fur
la porte du Palais-royal, le placard infâme dont
voici une copie fidéle.

I L eft parti ce Prince ingrat, injufte,
qui verfe en ce féjour l'amertume & l'horreur :
Il eft parti ! Vertu, Déeffe augufte,
écarte fon retour ! c'eft celui du malheur.
    D U pur fang des Bourbons, ce monftre à t'il
        pu naître ?
lui qui montra toujours un cœur faux, déloyal ?
L'homme le plus abject, eft plus que fon égal.
Aux traits de fa figure, peut-on le méconnaître ?
    D'aucun de cette Race a-t-il donc l'apparence ?
Sa démarche eft ignoble, fon air bas & rempant.
Auffi reconnait-on le héros d'Oueffant,
dans un Prince du Sang le plus noble de France.
    Puiffent les trois furies le fuivre en fon voyage !
Qu'elles guident fes pas aux rives du Cocite ;
que Cerbère & Minos, puniffant ce Therfite,
aient de nouveaux droits à notre jufte hommage !
    Mais fi par un deftin, qui ne fe conçoit pas,
il revenait jamais aux bords de notre terre,
puiffe quelqu'ennemi lui donner le trépas,
& le priver enfin de la douce lumière.

O   Ce

Ce fut fans doute une mortification bien cruelle pour la ducheffe de Ch...s , que de voir & de lire ce placard, qu'on eut l'imprudence de lui remettre , au lieu de lui cacher, par humanité, cette preuve de la haîne mortelle que l'on portait au Prince fon époux. Mais cette vertueufe Princeffe fe contenta de gemir, & de défirer un changement heureux dans l'opinion des oififs , & dans le caractère de l'objet de leur haîne. En conféquence elle ne fit faire aucune recherche fur les auteurs de cet infâme placard.

Les ennemis du duc de Ch...s attribuèrent pour lors à la crainte ce qui était l'effet d'une fage & pieufe modération , & adrefferent à la Ducheffe les couplets fuivans , qui forment un Pot-pourri auffi fot , auffi mauvais qu'il eft noir & calomnieux.

COUPLETS,
SUR SON ALT. INDIGNISSIME
MONSEIGNEUR LE DUC DE CH...S.

AIR : *Des Bourgeois de Chartres.*

D'OUESSANT, la nouvelle
eft venue à la Cour :
ton Epoux infidéle,
nous vantait fon retour :
je reviens fur les pas , dit-il , de la victoire ;

de

de laurier je fuis couronné ;
eft il mortel plus fortuné ?
Ah ! pour moi quelle gloire.

AIR : *du haut en bas.*

LA Renommée,
en fon récit plus véritable,
la Renommée
nous inftruifit à point nommé,
que de Ch...s était coupable ;
& n'eft-elle pas bien croyable,
la Renommée ?

AIR : *de la Fete des bonne-gens.*

LOUIS qui de fon Trône,
entendit tout ce difcours,
dit : c'eft à ma Couronne
faire un affront pour toujours.
Si mon Coufin eft un lâche,
qu'il s'éloigne de mes yeux,
qu'il aille laver fa tache,
qu'il s'écarte de ces lieux.

AIR : de la Béquille du pere Barnaba.

AVEC pompe & fracas,
à la Cour il arrive ;
le Courtifan, tout bas,
difait, dans fa joie vive,
pour ce fabre qui brille
ne lui faudrait-il pas,
bien mieux une béquille
du Pere Barnaba.

AIR ?

AIR : des Bourgeois , &c.

QUE m'importe la gloire ?
disait-il en son cœur :
on rit de ma victoire,
f.... de la valeur :
je consulte bien moins mon honneur que ma bourse;
grâces à mes jocqueis fameux ,
dans mes paris toujours heureux ,
je l'emporte à la Course.

AIR : *de* GENEVIEVE,

APPROCHEZ tous, & qu'un chacun m'écoute ,
dit le Héros, baillant à l'Opéra ;
j'ai tout battu, & l'Anglais me redoute ;
Keppel a fui ; le croye qui voudra :
qu'on rende hommage,
à mon courage,
l'Anglais de moi toûjours se souviendra.

AIR : des *deux* Chasseurs *& la Laitiere.*

LES Cat... en firent la fête ;
on dansa au Palais-royal ;
les sots au bruit de la conquête,
criaient au Héros sans égal ,
mais la nouvelle de la guerre,
répétait la nuit & le jour :
il a vendu la peau de l'ours,
sans l'avoir pu jetter par terre.   BIS.

AIR : RLI, RLAN.

DANS Paris l'on vit son Alt...
pour se venger de tous ces ris,
mettre sottise sur faiblesse,

recevoir projets & devis ;
au lieu d'abbatre des murailles,
en élever fur nouveaux plans,
Rli, Rlan,
& fe f..... de la canaille,
Rlan, tan plan, tambour battant.

AIR : LA PLUS BELLE PROMENADE.

GRACE à Dieu, dans l'Italie,
il eft allé voyager :
mais le peuple ne l'oublie,
& veut toujours en parler :
il le détefte de forte
qu'il dit, dans fon fouvenir,
que le diable l'emporte,
c'eft notre plus grand defir.

Ces couplets ne firent pas une impreffion moins vive fur le cœur de la Princeffe, que ne l'avait faite le placard qui les précéda : mais le même filence & la même modération de fa part firent ceffer ces écrits odieux. Les ennemis du duc de Ch...s continuerent leurs imprécations tacites ; mais ceflerent de chagriner la Ducheffe.

Pendant ces circonftances, Monfeigneur & fes Affociés marchaient à grandes journées, pour arriver en Italie. Un accident qui leur arriva dans les Alpes, manqua mettre fin à leur voyage. Leur voiture vint à verfer ; le Prince fut légerement

froiffé :

froiffé : le bruit courut qu'il s'était caffé la cuiffe ; fes ennemis fouhaitèrent qu'il fe fut caffé le col. Cet accident a été rapporté de plufieurs manières dans les gazettes : mais dans le vrai , il n'eut point de fuite , & Monfeigneur parcourut , fain & fauf , l'Italie.

En vain voudrait-on nous faire croire que fon Alt. Sér. en eft revenue comme prefque tous les Anglais qui vifitent cette belle partie du monde, c'eft-à-dire fe fouvenant pour tout avantage d'y avoir bu , mangé , dormi & facrifié à toutes fortes de débauches ; d'avoir perdu même le nom de vertu, & d'en avoir rapporté tous les vices. Nous avons fur le caractère , fur le cœur, fur l'efprit & les connaiffances du duc de Ch...s, une opinion trop avantageufe pour former de tels foupçons ; il y a au contraire, tout lieu de croire que fon Alt. Sér. ne manqua pas de vifiter, & de payer le tribut d'admiration due à la fameufe Académie-royale de peinture à Rome, & la curiofité peut fort bien l'avoir porté à vifiter les plus célèbres courtifannes vivantes de cette Capitale , après avoir rendu fon hommage au Pape, & aux marbres froids de l'anti-

quité

tiquité. Car fi les reftes des monuments de cette antiquité méritent encore notre admiration, ils n'é- teignent pas pour cela les fenfations délicieufes que produit en nous la vue d'un fexe qui par-tout paraît charmant à l'homme, & qui l'eft vraiment plus en Italie, qu'en aucune autre partie du monde : ajou- tez à cela, qu'aux charmes les plus féduifans, les femmes y joignent les paffions les plus vives, & con- féquemment tous les rafinemens de la lubricité la plus ardente. Heureux & trois fois heureux le duc de Ch..s de n'avoir pas fourni à fes ennemis la cruelle fatisfaction de pouvoir annoncer qu'il eft devenu la victime des faveurs emp oifonnées de la Vénus proftituée de l'Italie, fléau le plus mor- tel dont la Divinité irritée ait puni les hommes; ou que la vengeance de quelque femme méprifée, contre fon Alt. Sér., n'ait point plongé le poi- gnard dans le fein de ce Prince, ou caché la mort dans fa nourriture & fa boiffon. On dit cependant qu'il lui arriva a Modène, en revenant en France, une aventure affez tragique, que nous allons ra- conter le plus fuccintement qu'il nous fera poffible.

M. le duc de Ch..., étant à Modène, entendit

parler

parler d'une courtifanne célèbre, dont les charmes étaient divins, la voix enchantereffe, la con-
verfation vive, gaie, fpirituelle, & dont l'art, dans
fa profeffion, touchait au dernier degré où une
put.... & un debauché pouvaient prétendre. Son
Alt. qui, malgré fa grande curiofité, n'avait rien
trouvé qui ne lui fit regretter les charmes de fa
tendre & fidéle époufe, s'imagina d'après la peinture qu'on lui avait faite de cette Laïs, que pour le
coup, il allait fe trouver avec le phénix de la lu-
xure, entre les bras de cette Circe.

Accompagné d'un Gentilhomme, affidé & inftruit de fon humeur, il fe préfenta à l'entrée de la
nuit, en catogan, fans épée, & dans l'uniforme in-
venté par fon cher Genl., & qui eft tant à la mode
aujourd'hui : il fe préfenta, difons-nous, & entra
dans le Palais enchanté : & s'adreffant à la Princeffe, il lui tint ce difcours : —- Vous voyez à
vos pieds, illuftre & fameufe Princeffe, un humble
Chevalier errant, qui ferait trépaffé dans les plus
cuifans regrets, s'il eût quitté l'Italie fans en avoir
admiré la plus rare merveille, & fans avoir laiffé
fur votre autel, une marque defon hommage & un

ex

ex dono qui perpétue à jamais la mémoire des faveurs infignes qu'il fe propofe d'obtenir de votre
divinité, par fes vœux. Ce tendre difcours, accompagné de geftes fignificatifs, fit naître à l'inftant,
dans le cœur de la courtifanne, non pas de l'admiration ni de l'amour, mais bien l'efpérance de char-
mer Monféig, ; elle lui fit l'acceuil le plus gracieux,
& les plus vives careffes fervirent de prelude à un
repas fin & délicat, s'il s'en trouve de tels en Italie.

Quoiqu'il en foit le fouper parut très-agreable
au Prince. Les charmes de la voix, & la jufteffe des
accens de la courtifanne, attendrirent fon Alt. Ser.,
qui n'entendait rien des couplets dont on lui adref-
fait les louanges. L'ivreffe du plaifir, d'accord avec
le vin perfide d'Italie, fit perdre les forces au duc
de Ch...s : on le mit fur un lit, où le repos fucceda
bientôt au bonheur qu'il venait de goûter.

Ce qu'il y a de certain, dit-on, c'eft que fon Alt.
Sér. fe leva, bien fatigué, le lendemain matin, &
impatient de retirer fes gens d'inquiétude, il allait
fortir avec précipitation, lorfque fa compagne l'ar-
rêta, & lui dit qu'indépendamment de la dépenfe,
& des travaux déja faits, il lui revenait encore un

P   tribut

tribut d'usage , & qui se payait sans doute en France comme à Modène , aux femmes qui faisait commerce de prêter leurs appas , & de les livrer même à la volonté des curieux : & je m'imagine qu'à Paris comme ici, les put... ont des amans, des caprices, des souteneurs de leurs charmes & de leurs droits ; au moins en avons-nous en Italie, toujours prêts à exécuter nos ordres ; à dépouiller , mutiler, assassiner même les objets de notre jalousie & de notre haîne, ainsi que ceux qui négligeraient de nous satisfaire ou de leurs personnes ou de leurs bourses.

Le ton-affirmatif, dont ce discours fut prononcé, ne déconcerta pas le duc de Ch...s ; il ne pouvait croire que tant charmes servissent d'enveloppe à tant d'horreur, il crut appaiser cette furie en lui disant avec un sourir gracieux : mais dis donc, l'enfant, n'as-tu pas été bien payée de m'avoir possédé dans tes bras , moi, duc de Ch...s , moi, Prince du Sang des Bourb. ? Je ne me soucie guères de ce que tu es, lui répliqua-t-elle, je t'ai reçu comme j'aurais reçu ton laquais : chez nous autres, princes, valets, cardinaux, capucins, magistrats & savetiers, sont également bien venus & fêtés, mais tous, avant de de fortir, doivent payer d'une maniere ou d'autre.

Ce dernier propos humilia fon Al. Sér. qui, le vifage animé plus qu'à l'ordinaire, allait répliquer vivement, lorfque la beauté Modenaife s'en étant apperçu, frappant feulement des mains, fit fortir d'un cabinet voifin, fans aucune magie, quatre braves à mine patibulaire qui, gardant le filence le plus profond, & fixant la beauté, n'attendaient qu'un feul figne pour fe faifir du duc de Ch...s, qui eut fans doute préféré le bruit, le feu & le danger du combat d'Oueffant, à la fçène qu'il avait fous les yeux. Revenu de fa premiere furprife, il dit, avec beaucoup de ménagement, à la prêtreffe de ce tem_ ple infâme, qu'il avait voulu s'affurer par lui-même de la vérité de la bonne politique des courtifannes d'Italie : & pour en marquer fon approbation il là paya généreufement. Au même inftant cette femme, pour lui prouver fa reconraiffance, fit verfer du vin à fes quatre braves, prit un verre elle-même & bu_t de compagnie avec fes affafins, à la fanté du duc de Ch...s, & le reconduifit enfuite jufque à la porte. Jamais pareille fçène ne fe ferait paffée dans un bord... de Paris, fon Alt. Sér. y aurait certainement
été

été reconnue & refpectée ; mais ces filles d'Italie n'ont aucun égard pour les Alt. Sér. Françaifes : elles difent toutes, comme un Empéreur de leur Rome ; fi de l'honneur fans le profit : c'eft même leur devife.

Enfin le duc de Ch...s n'eut rien de plus preffé que de revenir dans fa chere patrie. Tout le peuple de Paris fut bien furpris de voir que ce Prince n'avait fuccombé ni aux fatigues d'un long voyage, ni aux atteintes du vice : fes ennemis furent très-mortifiés de le voir de retour fain & fauf.

A peine ce Prince fut-il arrivé au Palais-royal , & eut-il embraffé fon époufe ainfi que le duc de Val..., qu'il vola à fon nouveau bâtiment ; d'ailleurs il avait puifé le goût de l'excellente architecture en Italie, & il voulait comparer ce qu'il faifait faire avec ce qu'il avait vu. Les ris, les grâces & les plaifirs de tous les fpectacles occuperent tous les momens que fon Alt. Sér. ne donnait pas à fes bâtimens ; & fçut concilier fa fatisfaction avec fes intérêts.

Un intérêt fordide, dit-on, s'eft emparé du duc de Ch..,s , & lui fait faire des actions indignes d'un honnête homme : En voici, continue-t-on , un

traiᶜ

trait affuré dont l'authenticité eft conftatée.

Au mariage des Princes, il eft d'ufage que le Roi accorde, pour préfent de nôces, une fomme de 150,000 liv. Le duc de Ch...s fit demander cette fomme à fon pere qui l'avait reçue pour lui. Le duc d'Orl. qui avait dépenfé 500,000 liv. au mariage de fon fils, répondit qu'il croyait avoir amplement fatisfait aux intentions du Roi. En conféquence il fit affigner fon pere : quelques jours après il alla voir Mad, de Mont. qu, lui repréfenta combien ce procédé était indécent; & lui dit que le duc d'Orl. n'avit point d'argent, & lui prefenta en même tems fes diamans, pour gages de la fommes qu'il réclamait, & dans le fait les lui envoya pour faire ceffer cette défagreable procédure. Le duc d'Orl., inftruit de la générofité de Mad. de Mont. fit tout fon poffible pour trouver la fomme, & lui renvoya fes diamans. La conduite du duc de Ch...s, dans cette circonftance, ne pourrait-elle pas être confidérée comme diétée par l'intérêt paternel qu'il prend au bien de fes enfans? c'eft au lécteur impartial à porter fon jugement fur cet article, comme fur les autres.

Juftifiez donc le duc de Ch...s du fait que je vais

vous

vous raconter, nous dit un ennemi déclaré de son Alt. Sér. Il n'y a pas longtems que le duc de Ch..s, voulant étaler le faste qui lui est si naturel, ne pouvant le faire par ses belles actions, eut envie d'une paire de boucles à pierres, faites dans le dernier goût : il fit venir son Bijoutier ; vit plusieurs modèles ; choisit celui qui lui plaisait d'avantage; & convînt de la qualité des pierres qui seraient mises en œuvre , & tomba d'accord à 24, 000 liv.

Le Bijoutier prit sur le champ des engagemens avec un riche Lapidaire , & établit les boucles en très-peu de tems. Aussi-tôt il fut les porter au duc de Ch...s qui, réflexion faite, se repentait de son accord, & cherchait le moyen de le rompre. En voici un qui se présenta à propos, lorsqu'il vit les boucles: elles sont assez belles, dit - il à l'ouvrier, les pierres sont bien les mêmes que j'ai démandées, mais l'ouvrage est lourd & mal executé, je ne puis les recevoir. Le marchand eut beau employer toute sa réthorique, il fut forcé de remporter chez lui ses boucles, son trouble & son desespoir. Son plus grand chagrin fut l'impossibilité où il allait se trouver de remplir les engagémens qu'il avait pris. Enfin, d'après les conseils de sa femme, il retourna

au Palais-royal, & peignit au duc de Ch...s tout
fon défefpoir, lui fit envifager la ruine qui le mena-
çait. Son Alt. parut touchée, & profitant de la
circonftance, propofa généreufement au Bijoutier
défolé, la fomme de 18, 000 liv. pour les boucles,
Le marchand y confentit en lui affurant qu'il facri-
fiait fes propres fonds pour remplir les engagemens
qu'il avait contractés : par cet arrangement, le duc
de Ch...s devint poffeffeur defdites boucles, qui lui
coûtèrent, il eft vrai, beaucoup moins que leur valeur intrinféque.

Un Seigneur étranger, Ambaffadeur en France,
les voyant aux pieds de fon Alt. Sér., les admira &
les loua beaucoup : le duc de Ch...s convînt qu'elles
étaient effectivement belles, que cependant elles
ne lui convenaient pas, & qu'il était décidé à
s'en défaire. L'Ambaffadeur goûta la propofition du duc de Ch...s, & lui propofa d'en devenir
l'acquéreur fi cela lui faifait plaifir : le duc de Ch..s
y confentit, & la conclufion fut que le Prince étranger lui payerait la fomme de 24, 000 liv., prix que
les boucles lui avait coûté.

Vous vous attendez, continua la perfonne qui
nous

nous racontait cette anecdote, que son Alt. Sér.
pour justifier le proverbe qui dit; il a l'ame d'un
Prince; restitua, sans doute, au Bijoutier les 6000 l.
qu'il avait reçues au dessus du prix qu'il avait payé;
mais vous trompez grossierement. Ecoutez-moi jusqu'au bout sans m'interrompre.

Le Prince étranger voulut un jour de cérémonie
se parer de ses superbes boucles; mais malheureuse-
ment il se trouva qu'elles le blessaient, & pour re-
médier à cet inconvénient, il alla de suite chez le
duc de Ch...s le prier de lui indiquer le Bijoutier
qui les avait faites. Son Alt., sans penser aux sui-
tes de cette affaire, donna à son Excellence l'adresse
qu'elle avait désirée. L'Ambassadeur se transporte
chez le Bijoutier; à peine lui presente-t-il les boucles, que l'ouvrier, poussant un profond soupir,
dit: voila des boucles qui me coutent bien cher ....,
je voudrais bien ne les avoir jamais entreprises, ni
vendues! Son Excellence étonnée de l'apostrophe,
fit quelques questions, & apprit avec surprise que
les boucles n'avaient coûtée au duc de Ch...s que
18,000 liv., & qu'il avait gagné sur lui 6000 liv.
En conséquence il apprit au Marchand la manière
dont les boucles étaient passées en sa possession, &

lui

conseilla de retourner au près de son Alt. Sér., qui sans doute lui restituerait les 6000 liv. qui devaient équitablement lui revenir. L'espérance la plus flatteuse porta la consolation dans le cœur de ce pauvre Artisan, il alla, avec la plus grande confiance, annoncer à M. le duc de Ch...s l'information qu'il venait de recevoir . . . mais son Alt. Sér. lui répondit avec le plus grand sang-froid : notre convention définitive a été que je vous payerais 18,000 l., vous les avez reçues . . ., que vous importe ce que j'ai fait d'une chose devenue ma propriété ? retirez-vous. L'infortuné se retira en effet la rage dans le cœur ; & ne pouvant se venger autrement, rendit publique cette anecdote, par laquelle il crut diffamer son Alt. Sér. , ou justifier au moins la réputation qu'il a d'être animé d'un intérêt sordide. Mais que l'on examine, sans aucun esprit de partialité, la conduite du duc de Ch...s dans cette occurrence ; on ne peut l'accuser tout au plus que d'un peu de fermeté dans le caractère ; car si son action est blâmable, depuis le Roi jusqu'au Marchand d'allumettes tous méritent le même blâme, car l'un comme l'autre vend tout ce qu'il vend plus cher qu'il ne

Q   l'a

l'aacheté, quand il le peut : en agir autrement ferait être dupe : la néceffité feule détermine à des pertes volontaires.

Ce fut quelque tems après cette aventure que le duc de Ch...s entreprit un voyage pour Londres, dans le deffein fans doute de voir les braves gens qui l'avaient fi bien chauffé à Oueffant, ou d'y acheter des chevaux propres aux courfes, ou bien de faire des paris aux courfes de New-Market, & autres endroits. Les compagnons qu'il choifit cette fois ne furent point le prince Guém., ni le comte de Genl., ni le duc de Fitzj. : il devait à ce dernier quelque dédommagement pour les fommes qu'il lui avait gagnées au jeu, & dont Mad. de Fitz-j. avait fait la réclamation au près de Sa Majefté.

Le bonheur accompagna encore le duc de Ch...s dans cette incurfion en Angleterre : il y gagna des fommes immenfes, & l'on peut dire que s'il ne remporta fur les Anglais aucun avantage dans le combat d'Oueffant, il peut au moins fe vanter de les avoir battus, vaincus & dépouillés au jeu. Ses ennemis, à cet égard, prétendent qu'il fçut foumette le hafard à fa volonté : mais pourqnoi ne pas convenir qu'il y

des

des perſonnes qui tiennent cette Divinité comme enchaînée à leurs caprices. Et puis n'importe comment on bat ſon ennemi; ſi les ruſes de toute eſpèce ſont permiſes à la guerre; quelle guerre eſt plus cruelle que celle que ſe font les miſérables joueurs les uns aux autres.

Les richeſſes, dont ſon Alt. Sér. avait dépouillé ſes ennemis, fournirent aux nouveaux frais de bâtiſſes, de ſes courſes, de ſes parties de paume, ſeuls exercices dignes d'un Prince, ſur-tout quand il n'eſt pas occupé de l'art & des travaux de la guerre : car on ne pourrait pas prétendre, en toute équité qu'un Prince s'occupât des études, des ſciences ſi fort en vogue en ce ſiécle : ce n'eſt pas cependant que le duc de Ch...s les ait négligées ; bien au contraire, & nous nous faiſons un vrai plaiſir de dire qu'il fut un des Princes qui encouragèrent davantage les travaux du ſieur Blanchard, auteur d'un vaiſſeau volant, & ceux de quantité d'autres Phyſiciens, tels que MM. de Montgolfier, Charles & Robert. Cet amour pour les Sciences & pour les Savans, & ſes préſens en leur faveur, le lavent preſqu'entiérement de l'imputation qu'on lui fait d'être un ignorant, dans toute l'étendue du terme.   Peut-être

Peut-être le duc de Ch...s aura-t-il l'avantage de défabuser par la suite, avec autant de succès, le peuple de la Capitale & de toute la France, sur tous les autres vices qu'on lui prête, & qu'il ne sera plus le but des sarcasmes & des satires les plus indécentes: en voici une qui fut faite contre son Alt. Sér. pendant le mois de juin au bal de l'Opera; où se trouvaient, M. & Mad. la comtesse du Nord, la Reine & Monsieur, ainsi que le Roi & toute la Famille Royale; ce fut au moins en présence de bonne compagnie. Son Alt. Sér. étant venue au même bal, sans masque ni domino, causait avec une fille près de la Reine; un certain masque noir vînt se mêler de la conversation : le duc de Ch...s désapprouvant cette familiarité, lui dit : est-ce que vous ne me connaissez pas? pardonnez-moi, reprit le masque, vous vous êtes trop bien DÉMASQUÉ. Ce propos, il est vrai, est on ne peut pas plus piquant ; cependant son Alt. sçut se contenir, ne sachant pas quel était ce masque téméraire qui pouvait être une personne très-haute & très-puissante, ou très-basse & très-méprisable. Cependant son Alt. le suivant des yeux, le masque continua de regarder le Prince avec

une

une aſſurance impoſante : ſon Alt. en fut plus em-
barraſſée qu'auparavant, & ceſſa de le ſuivre : le maſ-
que alors s'eſt éclipſé.

En voici une autre : M. le duc de Ch...s ayant
perdu le procès qu'il avait contre la Ville, on le
chanſonna encore ſur un air d'Albanèze.

AIR : ET ! QUEST-CE QUE ÇA ME FAIT A MOI ?

> QUE Ch...s après une bataille,
> perde un procès aujourd'hui :
> qu'entre les Français & lui,
> il élève une muraille !
> Queſt-ce que ça me fait à moi ?
> qu'on le honniſſe & le raille :
> queſt-ce que ça me fait à moi :
> quand je chante & quand je bois ?

Enfin en voici une troiſième : M. le comte d'Art.
& M. le duc de Ch...s avoient pris ſur eux le ſoin
d'inſcrire les noms des perſonnes qui rendraient vi-
ſite le jour de l'an, au Roi & à la Reine ; & pour
mieux les diſtinguer ils avaient diviſé le cayer des
viſites des Dames en quatre colonnes, ſavoir :
Belles, Paſſables, Laides, Abominables. Mad. de
Fl. fut rangée dans la dernière colonne, & en ſor-
tant de chez la Reine, elle jetta un regard curieux
ſur le cayer, & y vit l'épithète que les Princes

avaient

avaient donnée à son nom. Quelque tems après se trouvant chez le duc de Ch...s, celui-ci éleva une légere dispute avec sa compagnie, sur le signalement d'une personne. Mad. de Fl., saisissant avec plaisir l'occasion de se vanger, dit, avec beaucoup de tranquillité : il ne faut pas contredire Monseigneur en cette circonstance, il connait beaucoup mieux les signalemens que les signaux.

Quoique l'on ait dit & écrit jusques à ce jour, contre le duc de Ch...s, son caractere ferme lui a toujours conservé la plus profonde tranquillité : sa propre conscience le juge sans doute avec plus d'indulgence que le Public qui ne peut pénétrer que bien peu dans les vues de son Alt. Sér. : & qui par conséquent peut prendre des vertus pour des vices, & des actions très-refléchies pour des folies. Au reste la conduite future de ce Prince donnera de nouvelles preuves de la solidité des jugemens qui ont été hasardés, sur son compte, jusques a ce jour.

En attendant que quelque circonstance favorise nos souhaits de voir son Alt. mériter l'estime & l'amour même de ses adversaires, nous osons assurer que le seul deffaut dont nous croyons ne pouvoir le

justifier,

juftifier , eft celui du libertinage porté a des bornes peut-être trop éloignées. En vain dirait-il qu'en
ce point il fuit les traces des plus grands Empereurs
Romains, & fur-tout celle d'un grand Roi dont il
eft iffu : lofqu'il aura eu la tête couverte des lauriers
que ces héros ont mérités, & à l'ombre defquels ils
ont joui des plaifirs de la vie, on lui permettra de
fe livrer aux mêmes faibleffes ; & dans le cas où il
ne les couvrirait pas du voile de la décence & de
la pudeur, le peuple reconnaiffant aura l'indulgence
de n'ouvrir les yeux fur lui que pour voir le héros.

Réfumons, & voyons fi les autres reproches faits
au duc de Ch...s font fondés ou non.

Ses Détracteurs ont avancé qu'il était mauvais
mari. Rien ne prouve cette imputation ; au contraire
tout la dément : fa vertueufe époufe, qu'il trouve
lui-même la femme la plus aimable qu'il ait jamais
connue, détruit à cet égard le jugement des ennemis du duc de Ch...s

On reproche à ce Prince d'être mauvais pere :
encore un autre jugement inique, rien de plus tendre que le duc de Ch...s pour fes enfans, & le public eft témoin du plaifir qu'il prend à les amufer

lui

lu-même, & à les promener. Le seul reproche qu'il
merite à l'égard de ses enfans, c'est d'avoir confié
leur éducation & leur instruction à des gens incapables
& indignes d'un tel emploi.

Le duc de Ch...s est, disent ses ennemis, un gen-
dre ambitieux & perfide. En sollicitant la Charge
de Grand-Amiral de France, nous ne voyons pas
qu'il ait commis une perfide ; s'il a fait tout ce qu'il
a su & ce qu'il a pu pour la mériter , son ambition
est louable.

Ce Prince, dit-on calomnieusement, a causé la
mort de son Beau-frere. La vérité dit que les plaisirs goûtés sans ménagement, ont empoisonné ce
Prince.

C'est un frere ingrat & lâche , s'écrient les mêmes gens ; & cela par rapport à son inaction dans
l'affaire de Mad. de Bourb. Ce reproche, ainsi que
nous l'avons prouvé, n'est pas mieux fondé que les
précédens.

C'est un Banquier de jeu de hasard ; si c'est un
crime à la mode, il doit passer.

C'est un Entrepreneur de bâtimens : nous avons
oui dire souvent que bâtir était une folie, jamais

on ne nous a dit que c'était un vice ou un crime.

C'est un Marchand de boucles, un Brocanteur; mais le Commerce reçoit chaque jour de nouveaux encouragemens, pourquoi voulez-vous y mettre des entraves dans les mains d'un Prince plus capable qu'un autre de le faire fleurir.

Enfin, fes infâmes ennemis difent: c'est un avare méprifable, devoré par une foif infatiable d'acquérir. L'avare il eft vrai, emploie toutes fortés de moyens pour acquérir; mais fon plaifir unique éft d'entaffer fes richeffes & d'en voir augmenter la maffe. Les bâtimens feuls que le duc de Ch...s a fait exécuter & l'épuifement de fes finances, la néceffité où il a été de folliciter un emprunt en rentes viageres, le juftifieront à l'égard de cette inculpation dans l'efprit de toutes les perfonnes que de fots & & d'injuftes préjugés n'ont pas privées du fang commun.

On va fans doute actuellement nous demander quel motif nous a déterminé à entreprendre cette Apologie; vous avez fûrement reçu de l'argent, ou quelque faveur du duc de Ch...s? Point du tout, nous n'avons befoin ni du tréfor ni de la protection

de ce Prince : nous formons une Société de gens
libres, & indépendans de toute autorité, dès que
nous avons payé notre capitation; car nous ne faifons jamais ni bruit, ni procès, ni dettes; nous pre-
nons plaifir à dire & à deffendre la vérité, parce
que nous favons que nous vivons fous un Roi au
près duquel elle peut pénétrer, même toute nuë,
fans encourir les rifques d'être infultee de fes courtifans, ni rejettée avec mépris de la part de l'Augufte Souverain;

Mais de quel droit, nous dira-t-on peut-être,
préfentez-vous ces vérités, non feulement au Roi,
mais même au Public? du droit, répondrons-nous,
que nous accordent les Loix & la Religion, de
chercher à réformer les mœurs, pourvu que la diffamation & la malice n'entrent pas dans nos moyens.

Faites-vous donc connaître nous dira quelqu'un,
car vous n'avez rien à craindre fi vous avez fuivi le
Loix & la Religion. Il nous fuffit de faire le bien er
rendant les hommes meilleurs, & les Princes plu
circonfpects, en leur faifant connaître le grand jou
où font expofées leurs moindres actions, & à que
faible fil tiennent leur réputation & leur gloire

ma

mais notre voix n'est pas celle de la trompette faite
pour les triomphans; c'est la voix humble de quelques habitans du défert, mais qui se fait entendre
jusques aux extrémités de la terre, & qui crié sans
cesse : Princes soyez justes & pratiqués les vertus.

Mais enfin, dira le Lecteur impatient; Comment
vous, amis du Prince , & tout à la fois habitans du
défert, avez-vous eu connaissance de tous les faits
que vous avez cités ?

Nous allons répondre à cette question d'une maniere satisfaisante.

Notre Société était autrefois composée de quatre
personnes : aucun ferment n'avait lié notr discré-
tion, aucun motif d'intérêt n'avait formé notre
union : le seul plaisir de rire des folies humaines,
& d'en donner librement notre jugement, nous avait
rassemblés, & nous tenait inséparables; nous jouis-
sions encore il y a quinze jours de cette félicité ,
lorsqu'une maladie cruelle nous enleva M. Longéars,
notre cher Assooié, que nous regrettons avec d'autant plus de justice que la Nature, ou le sort, lui
avait donné la faculté d'entendre tout ce qui se di-
sait autour de lui, à cent lieues à la ronde; c'est

pour

pour cette raison que nos écrits sont presque tous datés à cent lieues de la Bastille. Depuis la perte de ce précieux M. Longears, perte vraiment irréparable, nous avons cherché, mais toujours en vain, quelqu'un qui pût le remplacer. M. Longsight ne pouvait suppléer au deffaut du pauvre défunt, sa besogne était assez fatiguante; car si M. Longears entendait tout, M. Lonsight voyait tout aussi à la distance de cent lieues. M. Vnderstanding ne pouvait pas non plus s'occuper de l'emploi de M. Longears, parce que la Nature lui ayant accordé un jugement juste & profond, lui avait refusé des yeux plus pénétrans, & des oreilles plus fines que les yeux & les oreilles des hommes ordinaires. Pour moi qui suis M. Scribler, je n'ai pas les oreilles meilleures que celles d'un autre, ni les yeux plus clairvoyans, ni le jugement plus vif & plus juste que celui d'un enfant de sept ans: tout mon talent se borne à griffonner sur le papier ce qu'on me dicte, ou ce qu'on me fait copier. Il n'y a que quelques jours qu'étant tous trois ensemble occupés de notre perte; M. Vnderstanding après avoir un peu rêvé comme font d'ordinaire les grands esprits avant de donner

leurs

avis, nous dit d'un ton dogmatique : s'il eſt vrai que nos ames ſoient immortelles, qu'elles ſentent & qu'elles puiſſent agir & parler après leur tranſition des corps dans les Régions céleſtes, celle de notre ami & cher aſſocié M. Longears, peut encore nous entendre & nous ſervir ; à ces mots M. Longſight & moi nous inclinâmes nos têtes, par ſigne d'appro-bation, & ſuppliâmes notre Orateur de continuer, ce qu'il fit en ces termes : ſi donc M. Longears, qui nous a été ſinguliérement attaché, & infiniment utile, lorſqu'il était parmi nous, jouit actuellement d'une exiſtence plus heureuſe, & par conſéquent d'une intelligence plus parfaite, & qu'il ſe ſouvien-ne de la complaiſance aveugle avec laquelle nous avons toujours écouté les rapports & les relations qu'il nous faiſait; il eſt à croire qu'il ſera plus utile aujourd'hi que jamais à nôtre Société. A peine M. Vnderſtanding eut-il proféré ces dernieres paroles, que les tables & les chaiſes de la chambre où nous étions en conſultation, furent ébranlées; la bierre, déjà verſée dans nos verres, fut répandues; un bruit ſourd, ſemblable a celui de pluſieurs voitures an-glaiſes, fut entendu, & l'eſprit de M. Longears

sous

nous adreſſa ce diſcours : ceſſez, mes enfans, de vous inquiéter des ſoins de réparer ma perte par un nouveau ſujet ; je ſerai toujours préſent à votre Société ; je fournirai toujours de nouvelles matières à votre cenſure & à vos plaiſirs ; mais ce ſera ſous condition que vous réfuterez de tout votre pouvoir, un Libel infâme écrit contre le duc de Ch...s, qui vous ſera préſenté par un Auteur mépriſable ; & que vous le dénoncerez à l'autorité, s'il oſe jamais le publier. Nous avons rempli, autant qu'il nous à été poſſible, les intentions de l'ame de M. Longears : de ſon côté il eſt fidéle à ſa promeſſe, & nous pouvons aſſurer nos Lecteurs, que pour l'avenir, nous ſerons en état de l'nſtruire comme par le paſſé de tout ce qui ſe dit & ſe fait de plus intéreſſant & de plus curieux dans les palais, dans les maiſons, dans les cabinets, dans les boudoirs & dans les alcoves de la Cour, de la Capitale & de toute l'Europe : en un mot dans les lieux les plus ſecrets & les plus retirés ; & nous aſſurons nos Lecteurs que nous ne violerons jamais la promeſſe que nous lui avons faite dans notre Epigraphe :

NOS LÉVRES N'ONT JAMAIS TRAHI LA VÉRITÉ.

FIN.

This Book is to be fold
by J. Hodges, on London Bridge and W. Reeves,
London. Et W. Darling, Bridge-ftreet, Edinburgh.
Et is to be found at all the great Book-Sellers in
the greateft Cities & Towns in Europe.

At the Same Printers & Book-Sellers.

Are alfo to be found the following Books.

Le Diable dans le Bénitier,	1 vol.
La Gazette noire,	2 vol.
Les contes couleur de Rofe,	1 vol.